Angelika Hoefler

KARMA
Die Chance des Lebens

Wie Sie jede menschliche Prüfung in einen persöniichen Erfolg verwandeln

WINDPFERD
Verlagsgesellschaft mbH.

Die von der Autorin entwickelten Leit-Sätze, Übungen und Tests werden seit Jahren erfolgreich angewandt. Dennoch sollte jeder für seine Entscheidungen und Handlungen auch weiterhin selbst verantwortlich sein. Eine Haftung für etwaige Personen-, Sach- oder Vermögensschäden ist ausgeschlossen.

1. Auflage 1990
2. Auflage 1991

Umschlaggestaltung: Monika Jünemann, unter Verwendung
eines Fotos von Funk Mitchell/THE IMAGE BANK
Gesamtherstellung: Schneelöwe, 8955 Aitrang
ISBN 3-89385-065-1

Printed in Germany

Inhaltsverzeichnis

Obwohl Sklaven der Vergangenheit,
sind wir die Gebieter der Zukunft.
Blaise Pascal

Dank

Ich habe Bach, Beethoven, Brahms, Chopin, Grieg, Händel, Haydn und Mozart zu danken für ihre wundervolle Musik, die meine Arbeit begleitet hat; ich hoffe, es war in ihrem Sinne.

Vor allem

Karma heißt „Tun", und dieses Buch sagt, *was* zu tun ist

Viel ist über Karma und damit auch über Reinkarnation geschrieben worden, und ich wünsche mir eigentlich, daß Sie schon recht vieles davon gelesen haben, denn ich werde – was dieses Buch von einer gewissen Redundanz befreit – nicht wiederholen, was ich gelesen habe, z.B. bei

Gerhard Adler, Kurt Allgeier, Michael Arends, Annie Besant, Helena Petrowna Blavatsky, Emil Bock, Paul Brunton, Martin Buber, Rudolf Bubner, Edgar Cayce, Gina Cerminara, Thorwald Dethlefsen, Johannes Fährmann, Chris Griscom, Elisabeth Haich, Christmas Humphreys, Jeffrey Iverson, Allan Kardec, Dr. Elisabeth Kübler-Ross, Geddes MacGregor, Peter Michel, Raymond Moody, Dr. Morris Netherton/Dr. Nancy Shiffrin, Flower A. Newhouse, Rudolf Passian, Jane Roberts, Albert de Rochas, Jürgen von Scheidt, Karl Otto Schmidt, Martin Sorge, Rudolf Steiner, Ian Stevenson, Werner Trautmann, Hugo S. Verbrugh, Helen S. Wambach u.a.

Übergeordnetes Thema dieses Buches ist also nicht „Karma", sondern „Chance". Ich möchte Ihnen Chancen zeigen, das Richtige zu tun. Ich werde dies mit der mir eigenen Sprache und stellenweise sicher mit Temperament tun; ich freue mich, wenn Sie sich darauf einlassen und neue Perspektiven für Ihr Leben gewinnen.

Angelika Hoefler

Vorwort

Wer ist „schuld“, daß Karma für Schuld gehalten wird?

Es ist ein vor allem im deutschen Sprachraum weitverbreiteter Unsinn, daß „Karma“ etwas mit Schuld, wie sie heute definiert wird, zu tun habe.

Der amerikanische Philosoph John Rawls attestierte der Schuld die Immanenz des Gerechtigkeitssinnes – was uns, sinnverknüpfen wir dies mit Karma, als das inkarnierte schlechte Gewissen durch unser Leben schleichen läßt.

Freud sah das – ein bißchen – anders; seine Psycho-Analyse der Schuld hieß: neurotische Störung. Im Umkehrschluß: wenn Karma wirklich eine Schuld wäre, könnten wir uns mit einer Karma-Neurose auf die Couch legen.

Befreiend, was dagegen die christliche Ethik lehrt: Schuld ist eine Verfehlung gegen Gott, ist Sünde, die aber (ich bitte, sich gfl. bedienen zu wollen) nach katholischer Lehre getilgt werden kann durch Reue, nach protestantischer Lehre allein durch den Glauben in der Rechtfertigung.*)

Die „Schuld“ liegt ganz woanders:

Der Begriff kommt, wie die Etymologie ausweist, aus dem Althochdeutschen und besagte: ‚skuld‘ zu ‚sollen‘**). Hieß also nichts anderes als: ‚was man (tun!) soll‘.

Der Begriff „Karma“ kommt aus dem Sanskrit – und heißt nichts anderes als „Tun“.

Schuld heißt also Tun und damit Karma – aber Karma heißt nicht Schuld, nicht im Sinne von Rawls, Freud, christlicher Ethik und anderen Interpreten.

---

*) dtv Brockhaus Lexikon, Bd. 16, Mannheim/München, 1986

**) Mackensen, Deutsche Etymologie, Schünemann, Bremen, 1977

Innen ist der Kern des Außen

Jetzt, da die Welt an den Nähten gepackt und in das Erwachen hineingeschleudert wird, erleben wir auf eindringlichste Weise: Karma, die Kausalität von Säen und Ernten, von Ursache und Wirkung. Und so wir tatsächlich sehen was wir sehen, erkennen wir auch, daß die Katastrophen immer ein bißchen größer wurden, ja, es werden mußten, weil wir sonst nie aufgewacht wären!

Was wir an Welt-Karma jetzt erleben, ist das Makro-Chaos zu unserem Mikro-Chaos, ist Spiegelbild unserer Art bzw. Unart, zu leben. In uns finden die Kriege, die Stürme, die Naturverwüstungen statt!

Wenn wir etwas ändern wollen an dieser Welt, und endlich müssen wir das ja wollen, haben wir bei uns selbst zu beginnen, dürfen wir auch nicht lediglich die Symptome beheben, sondern müssen die Ursachen erkennen. Das aber wird kaum gelingen, wenn wir weiter in fatalistischer Erstarrung unser ach so schweres Karma beklagen, uns finster in Schuld hüllen und im übrigen Ratlosigkeit zelebrieren. Leben braucht Lebendigkeit!

Solange wir uns mental in den Schuldturm einsperren, bleibt es düster um uns, können wir nicht unser Freund sein, uns also nicht lieben, nicht vertrauen und nicht helfen.

Wie unser Leben sich verändert, verbessert, chancenreich und lebens-wert wird, weiß die Menschheit seit Konfuzius Zeiten. Der chinesische Philosoph lehrte: „Statt sich über die Dunkelheit zu beklagen, ist es besser, ein Licht anzuzünden".

Karma heißt Tun.

Tun wir genau das!

Angelika Hoefler
Köln im Juni 1990

Einleitung

Das Märchen vom strafenden Gott

Es begab sich aber zu der Zeit, da esoterisches Wissen noch nicht verbreitet war und wurde und die Leute noch nicht mit ihrem Karma haderten, sondern noch mit dessen Ahnfrau, dem nicht minder unbeliebten Schicksal, jener allseits gefürchteten Unabwendbarkeit, die aus dräuenden Wolken sich schließlich direkt aus dem Himmel auf die schnöde Welt zu ergießen schien und das Leben schier ungenießbar machte. Da gab es Hungersnöte, Epidemien, Kriege und Naturkatastrophen, und die Menschen, sich alle einig darin, daß sie doch nichts getan und das alles doch gar nicht verdient hätten, zürnten den Göttern oder zumindest doch einem von ihnen; ja, sie entzogen ihm kategorisch ihre Liebe! Und nun, da sie gottlos (also wieder unter sich) waren, parierten sie jede Grausamkeit mit einer noch schlimmeren, jedes Übel mit einem noch übleren; indes, das Elend wollte und wollte kein Ende nehmen. Wie sehr sie sich auch auflehnten, es wurde für sie nur noch ärger und ärger. Und da sie irgendwann gestorben sind, leben sie irgendwann wieder. Vielleicht heute. Mitten unter uns. Oder sogar in uns?

Von Tucholsky kennen wir die Frage: „Wer ist das eigentlich – Gott?". Immer mehr Menschen unserer Zeit stellen sich angesichts der Hungersnöte, Epidemien, Kriege und Naturkatastrophen unserer Zeit diese Frage. Immer lauter wird der Ruf nach dem bitteschön doch Schuldigen, nach dem, „der das alles zuläßt".

Es hat sich nicht viel geändert seit den Zeiten des Hiob und des Epikur, die schon anno domini Antwort auf die Frage suchten, wie denn das physische Übel und das moralisch Böse in der Welt wohl in Einklang zu bringen seien mit der Allmacht, Allweisheit und Allgüte Gottes; die immer wieder gestellte Frage zur Theodizee, der Rechtfertigung Gottes, war und ist das Nichtwissenwollen, daß Gott himmelweit davon entfernt ist, den Menschen zu strafen, daß immer der Mensch selbst es ist, „der das alles zuläßt“ – weil er es verursacht hat.

Es war Gottfried Wilhelm Freiherr von Leibniz – Philosoph, Mathematiker, Physiker, Schriftsteller und womöglich einer der letzten Universalgelehrten der Neuzeit –, der die Frage der Theodizee zu lösen suchte, indem er die geschaffene Welt als die beste aller möglichen ansah.

Heißt das aber nicht auch, daß das Leben, das wir uns qua Karma und das Karma, das wir uns qua Vor-Leben geschaffen haben, das beste aller möglichen – und damit ein Plädoyer für das Prinzip von Ursache und Wirkung: und damit eine ungeheure Chance ist, unsere spirituelle Entwicklung am Stagnationspunkt diffuser Schuldzuweisungen wieder aufzunehmen und unbeirrt voranzuschreiten in eine möglichst noch bessere Welt?!

Jeder Mensch ist ausgestattet mit einem freien Willen, und mit diesem freien Willen sät er, was er will – ohne damit freilich automatisch auch das zu säen, was er letztlich ernten will. Da der Mensch aber ungeübt darin ist, zu erkennen, was er sät, fehlt ihm auch das Wiedererkennungsmerkmal bei der Ernte, und so pflückt er denn vom Baum der Nichterkenntnis so konfuse Dinge wie Zufall, Irrtum und Strafe, und er fragt sich, warum denn nur, und warum ausgerechnet ich, Herrgottnochmal?!

Die Erkenntnis hat ein biblisches Alter: „Was der Mensch sät, das wird er ernten“. Die Legende vom strafenden Gott ist ein Märchen, und hoffentlich können wir bald dazu sagen: Es war einmal!

Die Esoterik zeigt, daß wir die bislang an Gott gerichtete Frage nach dem Warum sehr wohl an uns selbst richten können. Wenn es wahr ist, daß in jedem von uns ein Funke Gottes lebt, dann können und dann müssen wir fragen, endlich: „Warum lasse ICH das alles zu?“

Jede neue Inkarnation ist eine neue Chance, zu lernen und kennenzulernen. Wir gehen durch eine Lebens-Schule, in der Lebens-Prüfungen der normale Abschluß eines bestimmten Lernpensums sind. Und wenn wir gut aufpassen in dieser Schule, dann haben wir das Wissen in uns, jede dieser Prüfungen zu bestehen, sowohl in uns selbst als auch miteinander, denn nicht von ungefähr ist der Mensch nicht allein auf der Welt. Es wird gut sein, wenn wir unserem Herzen einprägen – wie Sophokles es die Antigone sagen ließ – „Nicht mitzuhassen, mitzulieben bin ich da".

1. Kapitel

Das kosmische Personen-Gedächtnis

Das Spiel ist aus, Jean-Paul Sartre?

In dem klassischen Werk der modernen Literatur*) zeichnet Sartre das Portrait einer außergewöhnlichen Chance:

Zwei sehr konträr strukturierte Menschen, Pierre, ein Rebell, und Eve, Frau eines Milizsekretärs und Dame der Gesellschaft, sterben zur gleichen Stunde durch vergleichbare Umstände und lernen sich im Bereich jenseits unserer Wahrnehmung kennen. Sie verlieben sich ineinander und gewinnen die Überzeugung, füreinander geschaffen gewesen zu sein und nur durch einen Irrtum im Leben nicht zueinander gefunden zu haben.

Sie erhalten die Chance, weiterzuleben, unter der Bedingung, daß sie sich während der ersten vierundzwanzig Stunden dieses neuen Lebens uneingeschränkt vertrauen und bedingungslos lieben.

Doch es erweist sich, daß beide zu stark an die Ungeklärtheit der Situation gebunden sind, unter der sie das Leben verlassen haben, um in der geforderten Absolutheit füreinander da sein zu können. Sie vertun ihre Chance. Die Zeit läuft ab – Les Jeux sont faits. Das Spiel ist aus.

Wir alle haben für unser Leben Verabredungen getroffen und, anders als bei Sartre, nehmen wir den Lebensfaden nicht an der Stelle wieder auf, wo er durchtrennt wurde, sondern müssen uns erst einmal wieder-finden. Und da dieses Finden kein physisches Erkennen sein kann und wir mit dem neuen Körper auch ein neues Gehirn, letztendlich auch Sitz von Bewußtsein und Gedächtnis, erhalten haben, sind es unsere Seelen, die aufeinander zugehen, sich wiedererkennen. Und das Spiel, das wir Leben nennen, beginnt von neuem.

Warum ist das so?

---

*) Sartre, Das Spiel ist aus, Rowohlt Taschenbuch Verlag GmbH, Hamburg, 1982

Die Berührung mit dem Geist der Vergangenheit

Wann immer mehr „im Spiel“ ist als Gleichgültigkeit dem anderen gegenüber, unabhängig davon also, nach welcher Seite das Pendel unserer Emotionen ausschlägt, dürfen wir sicher sein, den anderen aus einer Zeit zu kennen, da wir beide physisch jemand anderer waren. Und immer ist bei solchen ‚karmischen Wiederbegegnungen‘, wie sie in der Esoterik genannt werden, das Ziel: Liebe.

Woher können wir das wissen?

Aus der Physik.

Aus der Chemie.

Der Mensch ist eine weise Zusammenfügung von Geist, Seele und Körper, und genau in dieser Reihenfolge.

Am Anfang ist der Geist, der sich durch den Mittler Seele mit der Chemie, einem Körper also, verbindet.

Unser Körper alleine wäre gar nicht lebensfähig, und so der Geist den Körper in Endgültigkeit wieder verläßt, können wir vom Ableben dieses Körpers sprechen – nicht jedoch vom Ableben des Gesamtmenschen, dessen Geist fortlebt, denn:

Träger des Geistes ist das Elektron, dessen Lebensdauer unbegrenzt ist. In seinem wissenschaftlich orientierten Werk „Der Geist der Materie“*) weist der französische Physiker Jean E. Charon nach: „... Es bildet ein regelrechtes Mikro-Universum; seine Zeit ist zyklisch, was ihm erlaubt, alle vergangenen Zustände ... wiederzufinden“.

Heißt also:

Unser Geist hat eine ewige Existenz. Zyklisch, d.h. regelmäßig wiederkehrend, „inkarnierend“, sucht unser Geist nun vergangene Zustände auf.

---

*) Charon, Der Geist der Materie, Ullstein, Frankfurt, 1982

Wie macht er das?

Durch Chemie, durch Körperlichkeit. Denn „Chemie ist mit den Ursachen und Wirkungen von Elektronenverteilung ... befaßt"**)

Heißt also:

Der Geist, Träger des Elektrons, das unbegrenzte Lebensfähigkeit hat, benutzt in bestimmten Zyklen einen in seiner Lebensfähigkeit begrenzten Körper, die chemische Voraussetzung für die „karmische" Verteilung von Elektronen, für menschliche Kommunikation.

Warum macht der Geist dies?

Der Liebe wegen.

Das Elektron hat die vier Eigenschaften: Reflexion, Erkenntnis, Liebe, Tat.

Charon sagt hierüber: „Der Reflexionsvorgang setzt innerhalb eines Elektronenraumes eine erinnerbare Erfahrung mit dem äußeren Milieu voraus. – Stimuliert durch das Wiedererkennen einer analogen Situation ... wird sich der Elektronenraum „erinnern" und den gleichen Prozeß in Gang setzen, den er zum Zeitpunkt der ersten derartigen Erfahrung registriert hatte".

Beachten wir die Reihenfolge dabei:
1. Reflexion
2. Erkenntnis
3. Liebe
4. Tat

Erinnern – erkennen – lieben – tun.
Noch einmal: Karma bedeutet „Tun".
Und das bedeutet: in Liebe tun!

**) dtv Brockhaus Lexikon, Bd. 3, Deutscher Taschenbuch Verlag, München, 1986

„Liebe“, so die physikalische Interpretation bei Charon, „ist der ... Austausch zwischen den Photonen zweier benachbarter Elektronen“.

Heißt also:

Liebe ist der Austausch der Photonen, der – vereinfacht gesagt – „Gedächtnisse“ zweier Ich; denn der Geist ist Träger des Ich. Liebe ist damit vielleicht ja der Sinn für die Unsterblichkeit unseres Geistes.

In der populär-wissenschaftlichen Variante der Thematik, in Charons Buch „Tod, wo ist dein Stachel?“***) heißt es:

„Bei der Liebe tauscht ein Geist mit dem anderen komplementäre Bedeutungen für ein bestimmtes Zeichen der Außenwelt aus. Da Freundschaft und Liebe gleichartige Vorgänge sind (direkte Kommunikation von Geist zu Geist), ist der Übergang in beide Richtungen fließend.“

Wir sehen nun:

Karmische Wiederbegegnungen sind geistgewollt, und dies zu einem bestimmten Zeitpunkt, und das mit der definierten Absicht, „Liebe auszutauschen“.

Aus Feindschaft wird so eines Tages Freundschaft, und aus Freundschaft wird Liebe. Der Geist ist sich dessen bewußt und sicher, von Anfang an und in Ewigkeit.

***) Charon, Tod, wo ist dein Stachel?, Zsolnay, Wien/Hamburg, 1981

Auf ewig dein?

In der Physik, die sich ja schon im vorigen Thema sehr um die Esoterik verdient gemacht hat, gibt es den oft erwähnten (und nie zitierten) „Erhaltungssatz der Energie“, wonach keine Kraft verlorengeht, sondern sich immer nur umwandelt.

Ich zitiere:

„Jeder physikalischen Erscheinung kann eine skalare Größe Energie so zugeordnet werden, daß die Summe aller Energien sich zeitlich nicht ändert, obwohl die beteiligten Teilchen und Felder sich bewegen und verändern“.*)

Was bedeutet dies für die Partnerschaft?

Der Geist speichert die Energien, die wir Liebe nennen bzw. wandelt bei Trennung diese Liebe in Energien um, die der Geist, der ja zyklisch und erinnernd und erkennend ist, „unter anderen Bedingungen“, denn Teilchen und Felder bewegen und verändern sich, „wiederfinden“ wird – und das auch will.

Reinkarnativ betrachtet mag das jedoch heißen, daß im „Kreis-Lauf“ der Zeit aus einem Liebespaar ein Freundespaar wird (der Übergang in beide Richtungen ist ja fließend, wie wir von Charon jetzt wissen), daß Freunde als Geschwister reinkarnieren oder auch Feinde als Freunde.

Warum nun, wenn das so sinn- und liebe-voll vom kosmischen Gedächtnis arrangiert wird, kommt es dennoch zu Trennungen?

Solange wir inkarniert sind, Menschen mit einer Körper-Chemie sind, unterstehen wir auch den Gesetzen der Chemie.

Nun nennt man in der Chemie diese ringförmig angeordneten Verbindungen bezeichnenderweise „zyklische Verbindungen“. Und hier schließt sich der Kreis: Verbindungen, und so nennt man Partnerschaften ja auch, haben einen bestimmten Kreis-Lauf; Zyklus = grch. kyklos, ‚Kreis‘. So also „hat“, wie wir frustriert

---

*) Kleine Enzyklopädie Atom- und Kernphysik, Deutsch, Thun/Frankfurt, 1983

bei Pred. Salom. 3,1 nachlesen können, „ein jegliches seine Zeit". Doch ist es nicht auch tröstlich, daß Partner einen Ring als Symbol für die „Geschlossenheit ihrer Verbindung" tragen, einen „Kreis"? Und in diesen „Kreis" werden sie, wenn ein neuer Lebens-Zyklus für sie beide beginnt, wieder eintreten miteinander.

Wenn zwei Menschen sich voneinander trennen (müssen), so ist dies ein Zeichen dafür, daß ein neuer Zyklus beginnt oder richtiger: beginnen will.

Wir halten gerne an Gewohntem fest, an Gewohnheiten somit und so an dem, „was wir uns angeeignet" haben. Aneignung bedeutet jedoch nicht Eigentum. Wenn wir einen Menschen wirklich lieben, lassen wir ihn von uns gehen, achten wir seine Freiheit, wissen wir, daß er sich selbst und nicht uns gehört. Und wir können leidfrei eintreten in einen neuen Zyklus.

Denn richtig muß doch sein und ist: wenn ein Mensch, dessen Glück ich während einer langen Zeit des Miteinander gewollt habe, mich verläßt, muß ich sein Glück auch dann noch wollen, wenn ich dazu offenbar nicht mehr gehöre; was wohl hätte ich gemeint, wären meine Glück-Wünsche abhängig gewesen vom „Ich" darin?

Und die manchmal offen-sichtliche Tatsache, daß zwei Menschen füreinander bestimmt sind, sagt nichts aus über die Zeit, die sie miteinander haben; wenn die Aufgabe erfüllt ist, deretwegen man sich „wiedergefunden" hat, können wir „eine neue Zeit" beginnen; wir können, aber wir müssen es nicht.

2. Kapitel

Des Menschen Wille ist sein Erdenreich

Mein Gott, womit habe ich das verdient?!

Es ist schon bemerkenswert, daß der Mensch diese Frage nur dann stellt, wenn er in irgendwelchen akuten Nöten ist, also in einer Zeit des auch akuten Betens; nie kommt ihm die Frage aber in den Sinn, wenn es ihm gutgeht – dabei ist Glücklichsein auch eine Erscheinungsform des Karma.

Nun, im ersteren Falle ist Gott jedenfalls ausnahmsweise einmal der falsche Ansprechpartner.

Fragen wir doch uns selbst.

Bevor wir re-inkarnieren, kennen wir global die neuen Lebensthemen, unsere Pflichten, Prüfungen, Chancen; wir wissen um die Qualität, um den Inhalt unseres Karma.

Entsprechend definiert der Geist ein mit der Inkarnation zu erreichendes Ziel, wählt den geeigneten Schwierigkeitsgrad, bereitet sich vor ...

Übertragen auf unser Leben:

Jemand, der Hausfrau und Mutter sein will, braucht – selbst in unserer emanzipatorisch gestylten Zeit – vielleicht nicht unbedingt ein zehnsemestriges Studium nebst Promotion und Habilitation. Anders natürlich bei einem, der die Intention hat, beruflich hoch hinauf zu steigen; wer den Über-Blick will, muß den Berg erklimmen, und das dauert, und das ist schwierig – und das wußte man vorher. Je weiter wir uns mit einem Leben in der Materie entwickeln wollen, desto sorgfältiger werden wir geprüft werden müssen.

Und danach suchen wir uns Eltern aus, deren Eigenschaften wir vererbt bekommen möchten/müssen, das Milieu, in dem wir aufwachsen, die Kindheitserfahrungen, die unser Leben prägen werden, die besonderen Lebensumstände und, als Spiegel unserer Seele, den Körper.

Doch genauso, wie man allenfalls den Weg kennen kann, der zu einem bestimmten Ziel führt, aber nicht weiß, was einen auf diesem Weg erwartet, wissen wir über das neue Leben auch keine

Details. Wir wissen nicht im voraus, wie wir uns verhalten, wie wir entscheiden werden; ob wir rasten auf dem Weg oder gar umkehren; ob wir etwas verlieren oder etwas Neues finden werden; ob wir uns Situationen stellen oder ausweichen, Angst haben oder Vertrauen. Und dadurch kommt Sinn ins Leben:

Das Karma fordert uns heraus, prüft uns. Eigens dazu haben wir, wieder einmal, unseren freien Willen mitbekommen. Es steht uns frei, damit zu lieben, zu helfen, zu lernen, wiedergutzumachen oder auch, das Gute tunlichst bleibenzulassen. In diesem Fall werden sich bestimmte Situationen in unserem Leben zwar auf ganz wundersame Weise wiederholen: magisch scheinen wir immer wieder dasselbe Problem anzuziehen; und wenn es auch stets in einem anderen Gewand des Wegs kommt, uns ist es von der Natur her vertraut. Und wir protestieren! Beklagen uns. Verdienen das doch gar nicht. Wehren uns. Verwandeln das Problem nicht in eine Chance.

Wenn Karma nicht unlösbar mit einer Chance für uns verbunden wäre, wir hätten nicht einen freien Willen mitbekommen, sondern eine zwanghafte Willenlosigkeit!

In einem Vortrag wurde ich einmal gefragt, ob man sich karmisch auch übernehmen, für ein Leben also zuviel vornehmen kann. Nein. Und die Antwort steht schon in den alten Weisheitsbüchern: Der Mensch bekommt nie mehr, als er auch ertragen kann – doch wie oft bekommt er sehr viel weniger!

Wir wissen, daß eine Ohnmacht eintritt, wenn die Schmerzgrenze überschritten ist. Wir dürfen versichert sein, daß unsere Seele einen noch viel subtileren Schutz hat.

Mein Gott, womit haben wir das verdient?!

Das haben wir uns überhaupt nicht verdient, das ist ein Geschenk des Herrn Kosmos.

Mein Gott, womit habe ich dich verdient?

Unser Körper ist mit einem perfekten Selbstheilungssystem ausgestattet. In der Natur gibt es oder gab es zumindest einmal für jedes organische Leiden eine Heilpflanze, die fürsorglicherweise, so begreifen wir in der Signaturenlehre, exakt das Aussehen des betreffenden Organes hat. Jeder Verlust ist eine kosmische Offerte dafür, daß etwas anderes, und zwar Besseres, in unser Leben kommen möchte. Jeder Verzicht, der von uns verlangt wird, ist als Schutz gemeint.

Jede „Schicksals-Variante" ist eine (uns) „geschickte" Chance. Wenn wir die Chance annehmen, verwandeln wir Krankheit in Gesundheit, Verlust in Gewinn, Verzicht in Anspruch; Probleme in Lösungen.

Solange wir jedoch mit naivster Selbstverständlichkeit eine luziferische Weltregierung akzeptieren, willigen wir statt in Ordnung ein in Chaos: wir machen uns unfähig, Antworten in uns zu finden, reduzieren die Selbstheilungskräfte unseres Körpers, zerstören die heile und heilende Natur, verstehen Gott und die Welt nicht mehr und leiden. Und die beiden letzten Gebete haben auch nicht geholfen, und sowieso sehen wir nicht, was wir glauben sollen in unserer Thomas-Welt!

„Hätte ich doch ...! Könnte ich doch ...!“

Hätte ich doch nicht damals! Hätte ich ihm doch noch gesagt, daß! Könnte ich das doch nur wiedergutmachen! Könnte ich doch nochmal von vorn anfangen!

Wie oft mögen wir solche Worte in vergangenen Zeiten wie auch in unserem heutigen Leben schon gesagt, uns innigst gewünscht haben, eine Handlung korrigieren oder eine Unterlassung begleichen zu können oder auch, einem Menschen, der von uns gegangen ist, mehr Liebe gegeben zu haben.

Alle diese Rufe nach einer Chance sind eingeschrieben in unsere Seele, die uns „bei Gelegenheit“ in die von uns erbetene Situation führt. Vielleicht bekommen wir unsere Chance gerade jetzt – und halten es für eine Strafe.

Durch Rückführungen lassen sich nach und nach die Ursachen für unsere heutigen Lebensbedingungen erhellen: wir lernen verstehen, warum wir einen schwierigen Partner, eine dominante Mutter, einen uns fördernden Abteilungsleiter, einen besonders treuen Kunden, eine sich für uns aufopfernde Schwester haben oder den Freund, für den wir eine tiefe und bedingungslose Liebe hegen; wir können die Gründe finden für sogenannte Wahlverwandtschaften, aber auch für Antipathien, für Unsicherheit oder Zurückhaltung dem anderen gegenüber.

Eine andere, inzwischen sehr verbreitete, Möglichkeit, solche Aufschlüsse zu erhalten oder die erhaltenen zu vertiefen, bietet die Arbeit mit meinem Buch „Reinkarnationsforschung mit dem Pendel“*). Hier offenbart sich Ihnen in einem systematisch von Detail zu Detail führenden Pendelkarten-Kompendium Ihr Weg vom Gestern ins Heute, zeigen sich unverschlüsselt Aspekte,

---

*) Hoefler/Atti, Reinkarnationsforschung mit dem Pendel, Windpferd, Reihe Schangrila, 2. Auflage 1989

Möglichkeiten und Auswirkungen Ihrer Handlungen in früheren Leben. Sie können erforschen, welchen Menschen Sie unter welchen Bedingungen in einem anderen Leben schon einmal begegnet sind, ob Sie heute wieder mit einem Partner aus der Präexistenz zusammenleben und warum, ob Familienangehörige oder Freunde schon einmal Ihre Weggefährten waren – und auch, welche karmisch bedingten Wiederbegegnungen es im Laufe Ihres jetzigen Lebens noch geben wird.

Sie können herausfinden, welche Versprechen, die Sie anderen oder sich selbst gegeben haben, jetzt einzulösen sind. Und Sie können herausfinden, wo „Hätte ich doch ...!“ und „Könnte ich doch ...!“ Ihnen als Chance in diesem Leben begegnen.

3. Kapitel

Die universellen Chancen des Lebens

Menschen eine Chance geben

Uns in die Augen zu sehen
Dem Leben zu vertrauen
Fehler zu korrigieren
Streit zu beenden
Offen zu sein
Trauer zu überwinden
Sich zu entfalten
Aneinander zu glauben
Chancen zu erkennen
Hindernisse zu beseitigen
Krankheit zu besiegen
Erfolg zu haben
Narben ausheilen zu lassen
Frieden zu wahren
Anderen zu helfen
Furchtlos zu werden
Freund zu sein
Sich was zuzutrauen
Gutes zu tun
Verlorenes wiederzufinden
Zu weinen
Zu lächeln
Sich selber zu lieben
Uns zu lieben

Gib dem Tag eine Chance!

Die meisten Menschen sind sehr geübt darin, einen Tag abzulehnen, den sie noch gar nicht gesehen haben.

Denn was wird der neue Tag wohl anderes bringen als der vergangene?!

Doch wieder nichts als Arbeit, Ärger, Streß, unerfreuliche Begegnungen, Auseinandersetzungen und wahrscheinlich auch noch Regen! Und damit, wenn auch unwillig, öffnen sie die Augen.

Guten Morgen!

Dieser Tag hat gar keine Chance mehr!

Selbst wenn die Sonne ihren ganzen Charme ausstrahlt, wird es heißen: ‚Daß man bei diesem Wetter aber auch immer arbeiten muß!'. Und wenn – unerwarteterweise selbstverständlich! – jemand sagt: ‚Sie haben aber ein hübsches Kleid an', bekommt er zur Antwort: ‚Finden Sie? Mir gefällt es überhaupt nicht mehr, ich trage es jetzt auch schon über zwei Jahre'.

Gute Nacht!

Andererseits können Sie solchen Menschen, insonderheit an solchen Tagen, ungestraft sagen, daß sie schlecht/übermüdet/krank/alt/verbittert usw. aussehen; sie werden dankbar den Faden zur Hölle aufgreifen und Ihnen sofort eine plausible Erklärung dafür geben.

Marsch wieder ins Bett! Wir fangen den Tag bitte nochmal von vorne an. Zum Beispiel so:

„Ich habe gut geschlafen. Ich bin ausgeruht. Ich werde wach in einer harmonischen Umgebung, die ich mir selbst geschaffen habe. Ich habe Arbeit, verdiene Geld. Ich werde erwartet. Ich werde gebraucht. Meine Position erfordert Konzentration und Verantwortung. Ich bin der Herausforderung voll und ganz gewachsen, auch heute wieder. Ich komme mit jedem Menschen gut aus, denn ich bin ausgeglichen und reagiere gelassen. Wenn ich jetzt aufstehe, gehe ich durch Räume, die ich nach meinem Geschmack eingerichtet habe; ich sehe die Dinge, die ich mir verdient habe: durch meine Arbeit, meine Kraft, meinen Mut, meine Entscheidungen – durch Chancen, die ich erkannt und genutzt habe“.

Es mag durchaus sein, daß die eine oder andere Aussage *noch* nicht für Sie zutrifft, doch das Leben ist ein Wandeln in Chancen. Geben Sie dem Tag eine Chance!

Wenn Sie auf diese, freundschaftliche Weise mit jedem neuen Tag umgehen, dürfen Sie neugierig sein, was er Ihnen zu bieten hat.

Sei neugierig auf den Tag!

Ich war in einem privaten Tief (Esoterik als Beruf entbindet ja nicht vom Selber-Leben), als ich beschloß, „dem Tag eine Chance zu geben“ – und abzuwarten.

Da ich nach einiger Zeit immer noch nichts sah, was auch nur im Entferntesten einer Chance glich, ich aber schon rein berufsbedingt nicht glauben wollte, daß ich nichts sah, mußte etwas schiefgelaufen sein.

Und da fiel es mir ein:

„Abwarten“ bedeutet im kosmischen Sinne, denn Gedanken sind ja Kräfte, daß ich mich zufrieden im Zustand absoluter Passivität befinde und nicht die Absicht habe, kundzutun, was ich denn nun abwarten möchte; keine Bestellung – keine Lieferung.

Wenn ich mich also schon nicht entscheiden will, was der Tag mir bringen soll, ich also nichts Konkretes imaginiere, muß ich – soll sich etwas bewegen in meinem Leben – wenigstens eine ‚Blanko-Bestellung‘ aufgeben: ich muß etwas *erwarten*, neugierig muß ich sein! (Ein Gewitter wartet man ab, bis es vorbei ist, mit Chancen sollte man das deshalb tunlichst anders machen).

Endlich bekam ich meine Chancen! Konnte mein exoterisches Tief überwinden, die Situation in einen Erfolg verwandeln. Und so wurde ich neugierig auf jeden neuen Tag! Entdeckte meine Umgebung neu, die Menschen; entdeckte auch mich neu.

Und meine Neugier lehrte mich die Sinnhaftigkeit, und die Sinnhaftigkeit lehrte mich, Zusammenhänge zu erkennen. Und damit lernte ich, dem Leben absolut zu vertrauen – in freudiger Erwartung einer Chance. Und ich werde nicht aufhören, neugierig zu sein, was mich erwartet!

Dem Tag einen Titel geben

Kino. Abendvorstellung. Sie liegen in Ihrem Bett, und auf der Leinwand – Ihrem geistigen Auge – läuft der Tag noch einmal als Film ab.

Fragen Sie sich nun, was das Thema dieses Tages war, welche Chance(n) Ihnen dieser Tag geboten hat.

Ach, werden Sie vielleicht sagen, ich habe die Heizkosten-Nachzahlung erledigt, mit meiner Schwiegermutter über Esoterik diskutiert, die Katze hat zuviel Gras gefressen und auf den Teppich gedingst, das Essen ist angebrannt, und ich bin sowieso reif für die Insel – wie soll man einen solchen Tag denn nennen, wo hatte *ich* da auch nur eine einzige Chance?!

Ach, sage ich dann zu Ihnen, alles das, was wir sehen, ist nur Symbol für das, was auf der geistigen Ebene (mit uns) geschieht. Denken Sie doch einmal in Analogien über diesen Tag nach:

Durch das Bezahlen der Heizkosten haben Sie Ihr Dankeschön für Wärme und Geborgenheit entrichtet; das Gespräch hat Ihnen gezeigt, wo Sie noch unsicher und deshalb angreifbar sind; die Katze bot Ihnen die (sicher nicht einmalige) Chance, Verständnis und Liebe zu geben; das Malheur mit dem Essen ist ein Hinweis darauf, daß Sie zuwenig Zeit für sich selber haben. – Und nun fragen Sie sich unter diesen Aspekten einmal, was das Wichtigste heute war, und Sie werden einen guten Titel für den Tag finden; in diesem Sinne: eine „Gute Nacht!".

In Wirklichkeit sind alle Dinge neutral. Lediglich durch unsere Betrachtungsweise verurteilen wir uns zu Emotionen wie Ärger, Enttäuschung, Mutlosigkeit usw. Wenn wir uns einmal vorstellen, daß über ein- und dasselbe Geschehnis fünf verschiedene Menschen auch fünf verschiedene Ansichten zusammentragen können, wissen wir, wie relativ alles ist.

Wenn wir uns angewöhnen, jedem Geschehnis seine Chance zu entlocken, konditionieren wir uns hervorragend für alles, was wir bis dato immer ‚Problem' genannt haben.

Hatten Sie heute einen schönen Beruf?

Jeder Tag ist eine neue Herausforderung, und wenn Sie sich am Abend einmal fragen, welche Fähigkeiten primär von Ihnen gefordert waren und wie Sie sie bewältigt haben, wissen Sie, welcher Beruf von Ihnen tatsächlich ausgeübt worden ist.

Vielleicht waren Sie heute Koordinator.

(„Wenn ich nicht immer alles im Kopf hätte, würde in diesem Laden gar nichts klappen!").

Oder Sie waren Schiedsmann.

(„Wenn ich nicht dazugekommen wäre, die beiden hätten sich die Köpfe eingerannt!").

Vielleicht auch Matrose.

(„Wie gut, daß ich gesehen habe, wo das alles hinsteuert!").

Oder Sie waren Seelsorger, Lehrer, Psychologe, Designer, Trainer, Kapitän oder oder oder.

Doch ernsthaft:

Wenn Sie sich angewöhnen, Ihre „Tages-Berufung" zu definieren, mag sich eines Tages sogar herauskristallisieren, daß Sie ganz andere Chancen haben, als Sie derzeit nutzen. Je häufiger Sie eine bestimmte Fähigkeit erfolgreich anwenden, desto deutlicher wird Ihnen Ihre tatsächliche Berufung.

„Probleme“ wollen nur unsere Talente wecken, uns eine Chance geben.

Der Alltagsberuf aus geistiger Sicht

Zu mir kam ein junger Mann, der darüber klagte, er sei ja „nur Fensterputzer“ geworden. Ich sagte ihm, daß jeder Beruf ein Symbol ist für das, was wir auf der geistigen Ebene tun, und da gebe es keine „Nur“-Wertung, sondern alles sei wichtig, damit alles mit allem verbunden sein und so die kosmische Ordnung erhalten könne. Wir sprachen darüber, daß er in diesem Zusammenhang dafür sorgen würde, daß andere Menschen „den Durchblick“ haben, „klarsehen“ können, „Sonne hereinlassen“, und daß niemand eine Veranlassung, geschweige denn ein Recht hat, den Beruf eines anderen niedrig zu achten.

Wenn wir verstehen lernen, was wir tun, nicht lediglich *in* unserem Beruf, sondern vor allem *durch* ihn, verbringen wir (mindestens) ein Drittel unseres Lebens zufriedener. Und wenn einige „Probleme“ gar so freundlich sind, uns noch ganz andere Berufsperspektiven aufzuzeigen, – unser freier Wille ist ein Passepartout.

Den Tag korrigieren

Hätte ich doch! Könnte ich doch! Sie können. Alle Dinge, die Sie an diesem Tag getan haben, auch alle Worte, die Sie gesprochen haben, lassen sich geistig korrigieren – und damit ist der Tag auf der geistigen Ebene korrigiert. Wenn ein Katholik seine Sünden in der Beichte bereut, und wenn ein Nichtkatholik dies in seinem „Beichtstuhl“ zuhause tut, kommt er in Kontakt mit der göttlichen

Kraft der Vergebung. Nichts weiter ist nötig, als daß der Mensch sich seines Fehlens bewußt wird und es (verbal oder mental) bereut!

Gehen Sie gedanklich an den Beginn des Tages zurück, und schauen Sie sich nun in aller Ruhe der Reihe nach alle Einzelheiten an:

Welche Handlung möchten Sie ungeschehen machen?
Handeln Sie, wie Sie es jetzt für richtig halten.
Welche veränderte Situation haben Sie damit geschaffen?

Welche Worte möchten Sie zurücknehmen?
Sagen Sie das, was Sie jetzt für richtig halten.
Welche veränderte Reaktion haben Sie damit erreicht?

Indem Sie die Chance nutzen, Ihre Tageserlebnisse aneinandergereiht wiederholt zu erfahren, lernen Sie es, sich und auch anderen zu verzeihen. Das macht Sie sicherer in Ihrem Verhalten, in Ihren Entscheidungen, gelassener, harmonischer. Und aus dieser Harmonie heraus werden Sie entscheiden, wie Sie am nächsten Tag sein möchten; und so werden Sie sein.

Und so, wie Sie gelernt haben, zufrieden von einem Tag Abschied zu nehmen, den Körper zum Schlaf zu betten und den Geist einer anderen Dimension anzuvertrauen, so werden Sie einst zufrieden von Ihrem Leben Abschied nehmen und in die geistige Dimension hinübergehen können. Wer das Alte gut beendet, wird das Neue gut beginnen.

Wer hören will, muß fühlen

Wenn Sie einmal auch nur eine Viertelstunde Ihres Lebens im Wartezimmer eines Arztes verbracht haben, kennen Sie das Phänomen: die Patienten berichten sich gegenseitig mit Eifer, den ich Wonne nennen möchte, wie sie von Krankheit zu Krankheit gelebt haben und, oh wohlige Schauer!, sicher bald auch diese & jene Symptome bekommen werden, weil es in der Familie liegt oder in der Luft, weil man sich nun mal leicht ansteckt oder als Kind ja schon kränklich war.

Bitte: wer Ohren hat zu hören, der höre weg!

Sobald Sie nämlich einer physischen Gefahr für sich selber mental zustimmen, lösen Sie damit unbewußt eine Erwartungshaltung aus. Und was wir erwarten, haben wir geistig schon erhalten: es muß sich also lediglich noch manifestieren, und genau das wird es tun! Intensive Angst vor etwas produziert den Inhalt dieser Angst, wir fordern praktisch die Erfüllung unserer Vorstellungen an. So einfach ist das. So gefährlich ist das!

Gedanken sind Saat.

Erfahrungen sind Ernte.

Wenn Sie Gesprächen negativen Inhaltes zuhören oder sich gar daran beteiligen, geschieht folgendes:

Der Erzählende, nennen wir ihn Sender, hat sich eine Frequenz gesucht, auf der er senden kann, auf der er gehört wird: und das sind Sie! Wenn Sie nicht auf einen anderen Sender umschalten, weil das, was Sie hören, Sie nicht interessiert, empfangen Sie, was gesendet wird. Heißt, Sie nehmen es in sich auf, und nun kann es in Ihnen arbeiten. Kann Sie ärgern. Adrenalin produzieren. Kann Energie von Ihnen abziehen. Denn wir schicken Energie in die Themen, die unsere Aufmerksamkeit haben. Das ist der Grund, weshalb Menschen sich nach Problemgesprächen oft total ausgelaugt fühlen, während der andere, aufgetankt mit den Energien seines Zuhörers, wieder topfit ist.

Wer hören will ...

Nicht immer aber lassen sich solche Gespräche vermeiden, denn natürlich haben wir ein offenes Ohr für die Sorgen und Nöte von Menschen, die uns nahestehen oder in uns jemanden sehen, dem sie sich anvertrauen können.

Wie können wir uns schützen?

Durch Umwandeln des Gehörten.

Menschen, die viel Negatives zu berichten haben, sind auf der Suche nach positiven Erfahrungen; das Negative setzen sie, meist unbewußt, als Schutz vor Enttäuschungen ein; in Wirklichkeit ist es ein Hilferuf an uns. Achten Sie einmal auf die Mimik und Gestik solcher Menschen, und Sie *sehen*, daß diese Menschen sehr viel Liebe brauchen – ganz gleich, was Sie *hören*!

Und nun wandeln Sie um, was Sie hören – und antworten Sie auf das, was Sie sehen.

Machen Sie sich zuerst eines klar: der andere hat ein Problem, nicht Sie haben es! Wenn Sie das Problem des anderen zu Ihrem eigenen machen, können Sie dem anderen nicht mehr helfen, dann haben Sie beide das Problem. (Ich spreche von Problemen, nicht von Bedürfnissen. Wenn jemand nichts mehr zu essen hat, geht es um ein Grundbedürfnis, und dem muß natürlich abgeholfen werden bitteschön!).

Antworten Sie auf das, was Sie sehen. Geben Sie, und seien Sie Antwort auf den Mangel an Liebe. Helfen Sie dem anderen, sein (!) Problem als Herausforderung zu sehen, eine neue Perspektive darin zu erkennen, eine Aufgabe, eine Chance! Wandeln Sie seine negative Erwartungshaltung um in Hoffnung – und damit in Lebensfreude.

Wer uns vertraut, den machen wir uns vertraut. ‚Wir sind zeitlebens für das verantwortlich, was wir uns vertraut gemacht haben', lernt DER KLEINE PRINZ von Saint Éxupery über die Freundschaft.

Wer hören kann, muß fühlen, was zu tun ist.

Jedes Kreuz ist ein Plus

Ob eigentlich ein Schmunzeln durch den Kosmos geht, weil der Mensch das Kreuz einerseits mit Leid assoziiert und Leid sogar als ‚Kreuz' apostrophiert, er andererseits aber an Anfang und Ende seiner Gebete, die helfen sollen, ein aktuelles Kreuz zu tragen, ein Kreuz-Zeichen setzt?

Im Namen des Vaters und des Sohnes; Vertikale:

Symbol für das schöpferische, männliche Prinzip, die Aktivität; für das Vereinigen von oberer (geistiger) und unterer (materieller) Welt.

Und des Heiligen Geistes; Horizontale:

Symbol für das intuitive, weibliche Prinzip, die Passivität; für den Horizont, den Wasserspiegel, die Erde.*)

So sei es.

So sei es aber auch klar, daß wir mit dem Kreuz-Zeichen nicht allein das geistige Prinzip („oben") ansprechen, sondern auch das materielle („unten"). Daß es quasi in unserer Hand liegt, die Drei-Einigkeit zu evozieren, um die Nicht-Einigkeit zu überwinden. Und daß wir das eher als ein Plus denn als ein Kreuz betrachten können.

Aus welchen beiden Elementen entsteht überhaupt ein Kreuz, ein Plus?

Da sind zunächst 2 Linien, einander absolut gleich. Ihrem Wesen nach beide „androgyn" – bis sie sich in ihrer Mitte vereinigen und damit auf ihre jeweilige „Richtung" (vertikal oder horizontal) festgelegt sind und durch die Vertikale nun das männliche, und durch die Horizontale das weibliche Prinzip „verkörpern". Zwei Linien, einander absolut gleich: wie oben, so unten. Und so bleibt denn auch die Adrogynität, der Gegensatz, bestehen, behält jede Linie ihre beiden entgegengesetzten Pole – was

---

*) Bauer/Dümotz/Golowin, Lexikon der Symbole, Fourier, Wiesbaden, 1982

die „Vierheit“, Symbolik unserer Materie, begründet, die 4 Elemente, die 4 Himmelsrichtungen, die 4 Jahreszeiten ...

In der Gematria, jenem Zweig der jüdischen Kabbala, den wir heute Zahlenkabbalistik nennen, repräsentiert die Zahl 4 das „Tun“. Und Tun, Wirken ist bekanntermaßen Inhalt des Sanskritwortes „Karma“.

Dies mag veranschaulichen, daß wir inkarnieren, um „tun“, um „wirken“ zu können, und daß wir aus demselben Grund auch re-inkarnieren; daß Karma also nur in der Vierheit, in der Materie „gelebt“ werden kann. Dies mag aber auch veranschaulichen, daß Karma, von den meisten für das Kreuz des Menschen gehalten, tatsächlich unser Plus ist, unsere Chance.

Jedes Minus durchkreuzen

Jeder Mangel in unserem Leben ist Ergebnis von Mangel-Denken in dem betreffenden Bereich; wir projizieren das Minus nach außen, das in uns liegt.

Denn wenn wir akzeptieren, daß Gedanken Kräfte sind, und allmählich akzeptieren wir es ja an allen 4 Kreuz-Punkten der Erde, können wir nicht ernsthaft von positiver Lebenseinstellung positive Ergebnisse erwarten und von negativer ebenso positive. Wenn wir in der Mangel-Energie denken, kommt, respektive bleibt Mangel. Mangelndes Selbst-Wert-Gefühl in bezug auf Liebe, Arbeit, Geld, führt unweigerlich zu einem Mangel an Liebe, Arbeit, Geld. Führt zu Passivität, zu Stillhalten.

Doch genauso, wie die Vertikale im Kreuz-Zeichen die Passivität und damit ja das ‚Minus‘ aufhebt, ist es möglich, daß wir uns von jeglichem Mangel befreien. Indem wir das Minus mit dem schöpferischen, also gebenden Prinzip der Drei-Einigkeit durchkreuzen, mit der einigenden Energie für Körper, Seele und Geist.

– → +

Dazu gehört nicht notwendigerweise Frömmigkeit. Aber Selbst-Vertrauen gehört dazu!

Wer geben kann, muß auch nehmen können

Wie vielen Menschen ist es noch nie in den Sinn gekommen, daß das Öffnen ihrer Hand nicht nur Geben bedeuten kann, sondern auch Nehmen bedeuten ... könnte!

„Machen Sie doch meinetwegen nicht soviel Umstände“, sagen sie, während ihr Herz wild pocht vor Freude, daß jemand ihretwegen Umstände macht. „Das wäre aber doch nicht nötig gewesen“, hört man sie verschämt jene Aufmerksamkeit entgegennehmen, die sie bitter nötig hatten.

Dieselben Menschen sind es, die den Kosmos mit Erkenntnissen verblüffen wie: „Ich brauche gar nicht soviel Geld“ oder: „Ich habe einen braven Mann und zwei gesunde Kinder, was will man mehr?!“ oder: „Hauptsache, ich bin gesund, auf alles andere will ich gern verzichten“.

Dieselben Menschen könnten genausogut sagen: „Jetzt sind schon 6 Äpfel reif an meinem Baum, das genügt eigentlich“. Oder auch: „Aber das war doch selbstverständlich, daß ich Kartoffeln angepflanzt habe, deshalb hätte sich die Natur meinetwegen doch nicht extra die Mühe machen müssen, ...!“

Irgendwann meinen diese Menschen, was sie anderen sagen; irgendwann schließt sich die Hand, die hätte nehmen können, zur Faust.

Geben und Nehmen ist wie Saat und Ernte ein natürlicher Kreislauf und muß es auch bleiben. Nur wer selbst auch nehmen

kann, wird anderen immer etwas zu geben haben; zwischendurch muß unsere Kornkammer einfach wieder aufgefüllt werden! Wenn Sie sich an das Gleichnis mit den 7 fetten und den 7 mageren Jahren erinnern, wissen Sie, daß es kein „Zuviel“ gibt, daß wir annehmen dürfen und müssen; daß es uns an nichts mangeln wird, wenn wir auch nehmen können.
Zum Geben gehört Vertrauen; zum Nehmen Selbst-Vertrauen, das für viele Menschen identisch ist mit Gott-Vertrauen; für mich ebenfalls.

Mein Leben ist Danke, schön

„Alles, was ihr bittet in eurem Gebet, glaubt nur, daß ihr's empfangt, so wird's euch zuteilwerden“ (Mk 11,24). Ja, Jesus, warum machen wir das bloß nicht, wenn das so einfach ist?! Ist es überhaupt einfach? Es ist. Es ist nun aber auch etwas in uns Kleingläubigen, das diesem Erfolgsgeheimnis nicht so ganz traut: wir trauen uns nicht zu nehmen, wir halten uns für nicht würdig. Und trösten uns mit Phantasien, warum wir gar nicht erhalten können, um was wir bitten. Ja, Donner! Warum bitten wir denn dann um etwas, wenn wir es dann doch nicht nehmen können? Und wie logisch ja auch, daß wir uns schnellstens das Beten wieder abgewöhnen, weil es ja erwiesenermaßen nicht hilft, nicht wahr? Wahrscheinlich gibt's überhaupt keinen Gott, nicht wahr?

Jeder Wunsch, jede Bitte ist ein Ge-Danke! Alles, was ist, wurde geformt aus dem Geist, aus dem Ge-Danken. Nichts kann entstehen, was nicht zuvor geistig geformt, gedacht wurde. Alles, was wir bitten in unserem Gebet, müssen wir uns auch trauen zu empfangen, wir müssen uns auch für würdig halten zu empfangen. Wie bringen wir dieses Kunststück fertig?

Es beginnt, auch hier, mit einem Danke.

Um etwas „mit Erfolg“ bitten zu können, ist Dankbarkeit für das erforderlich, was wir haben. Dank ist Bitte. Ist Vertrauen, daß

„höheren Ortes" schon bekannt ist, was wir brauchen. Dennoch wird das Bitten, wird das Gebet dadurch nicht etwa überflüssig: gerade dadurch, daß wir imaginieren, was wir möchten, erschaffen wir es; dadurch, daß wir dankbar sind, können wir es annehmen.

Überdenken Sie einmal, was alles in Ihrem Leben ein Dankeschön verdient hätte. Danke für die Menschen, die mich lieben, danke für das Lachen in mir, danke für meine Talente, danke für mein Heim, danke für die Liebe meiner Katze; danke für alles Schöne in meinem Leben!

Ja, ist das so schwer?

Ja, manchmal ist es das.

Wenn wir in einer Krise sind, wenn wir Trauer empfinden, Enttäuschung, wenn es Probleme in unserem Leben gibt, wenn niemand da ist, der uns liebt – wenn wir resignieren, und nur dann! Alles, was geschieht, hat seine eigene Schönheit. Jedes Lachen hat seine eigene Jahreszeit, wie auch jedes Weinen. Tränen der Trauer schmecken genauso salzig wie Tränen der Freude. Wie kommt es wohl, daß Lachen und Weinen nicht nur nahe beieinanderliegen, sondern, hören wir einmal genau hin, auch gleich klingen?

Es ist nicht möglich, das eine dankbar anzunehmen und das andere dankend abzulehnen. Wir blockieren das Gute in unserem Leben, wenn wir das Schwere nicht annehmen. Denn wir gehen in der Resignation ja auf unserem Weg nicht voran, wir verweilen bei unserem Leid. So unnötig!

Und ist es nicht merkwürdig, daß wir dazu neigen, Schmerz als etwas Langfristiges zu betrachten und Freude als etwas nur Kurzfristiges? Auch hier gilt: Glaubt's nur, und es wird euch zuteilwerden.

Jede schmerzliche Erfahrung, die wir machen, hat einen ganz bestimmten Sinn. Später, wenn wir erkannt haben, daß sie uns zu Gutem, zu Besserem für unser Leben geführt hat, akzeptieren wir dankbar, was geschehen ist. Vielleicht können wir uns ja angewöhnen, darauf zu vertrauen, daß der Sinn schon zu dem Zeitpunkt existiert, da wir diese Erfahrung machen.

Hilf dir selbst, dann hilft dir Gott tatsächlich

Alles Existierende hat seinen Ursprung im Geist, auf Gedanken-Ebene, die Atombombe genauso wie die Friedensbewegung. Nichts kann entstehen, was nicht zuvor gedacht worden ist. Wir wissen, aus medialen Kundgebungen, daß im sogenannten Jenseits, in der geistigen Welt also, ein Gedanke die sofortige ‚Materialisation' bewirkt, und im sogenannten Diesseits ist dies nicht anders – nur mit dem Unterschied, daß wir als Menschen in Raum und Zeit eingebunden sind und die für unsere menschliche Wahrnehmung erforderliche Dimensionalisierung der Materie erst nach einer gewissen „Zeit" erfahrbar ist. Der Gedanke, als ja geistige Schöpfung, arbeitet immer an der Verwirklichung seiner selbst. Aber wie?

Wir alle kennen den bei vielen Menschen auf Unverständnis treffenden Ausspruch: „Hilf dir selbst, dann hilft dir Gott." Wir alle haben schon einmal einen Stein ins Wasser geworfen und gesehen, wie er Kreise zog. Das Prinzip ist das gleiche: Indem wir bereit werden, uns in einer schwierigen Situation selbst zu helfen, imaginieren wir die sich wandelnde, sich bessernde, die heile Situation; wir produzieren Hoffnung und spüren, daß sie eine Energieform ist. Und im selben Augenblick spüren wir, daß wir schon dabei sind, unser Problem zu lösen, daß wir es können, daß es uns gelingt. Und genauso, wie sich die Moleküle im Raum schon durch die kleinste unserer Bewegungen verändern (und damit „neue Verhältnisse im Raum" schaffen), so verändert sich auch durch den noch so kleinen Hoffnungsschimmer unsere Schwingung, unsere Aura – und im wahren Sinne des Wortes magisch ziehen wir Situationen und Menschen in unser Leben, die uns helfen, das Blatt zu wenden.

So funktioniert Positives Denken. So funktioniert Gott.

Aber andersrum funktioniert es ebenso: wenn wir uns nicht selber helfen wollen – erkennbar am ‚Ich-kann-nicht-Syndrom' –, verschließen wir uns positiven, helfenden Energien; es ist wenig ‚hilfreich', sich einerseits darauf zu verlassen, daß ‚Vater alles wieder in Ordnung bringt', wenn man auf der anderen Seite der Meinung ist, man habe gar keinen Vater. Positives Denken ist also Voraussetzung für positives Handeln. Wenn Denken und Handeln nicht miteinander in Einklang stehen, müssen wir um-denken. Gedanken sind Kräfte.*)

„Hilfe Esoterik" oder „Hilfe, Esoterik!" – ?

Brauchen wir eigentlich noch die ‚Exoterik', wo wir doch die Glückspille Esoterik haben? Und wie wir sie brauchen! Die Esoterik kann dem Menschen helfen, die Exoterik richtiger zu leben, nur: leben muß er sie schon noch. Aber das ist natürlich sehr unpopulär, und wozu hat der Mensch schließlich das Verdrängen gelernt!

Machen wir also die Augen zu und stellen uns vor, daß die Exoterik uns noch nie ganz glücklich gemacht hat und wir unsere wundgelaufenen Seelen nun eintauchen in einer nie versiegenden Heilquelle, und wir endlich, endlich erfahren:

Esoterik befreit von sämtlichen Problemen, bringt uns mit dem Idealpartner zusammen, dient unserer Karriere, und wie wir zu Reichtum kommen, lernen wir mühelos in einem Abendseminar. Antworten auf Fragen, die wir an Gott hätten und an die Welt haben, lassen wir uns wahr-sagen oder am besten direkt channeln. Und zum Teufel mit der Individualität: Esoteriker bilden alle eine große Familie, und in der wird gegessen, was auf den Tisch kommt: vegetarische und makrobiotische Kost und ja kein Tropfen Alkohol! Humor ist nicht gerade Pflicht, und Sex läßt sich

---

*) Aus: Hoefler, Namen – das ausgesprochene Geheimnis, Windpferd, Durach, 2. Aufl. 1989

doch wunderbar durch Atemtechniken und Yoga-Übungen kompensieren.

Wo leben wir eigentlich? In Disneyland?!

Esoterik ist kein sich auf wundersame Weise selbst betätigender Mechanismus zwecks Verhinderung der Exoterik. Sie hilft uns, Probleme zu lösen, einen Partner zu finden, unser materielles Auskommen zu haben, und sie hilft uns auch, zu Antworten zu finden, die dem besseren Erkennen der Sinnhaftigkeit unseres Hier-Seins dienen. Doch alles das müssen wir mit Leben erfüllen; mit allen unseren Sinnen müssen wir uns dabei erspüren. Dazu gehört Traurigkeit ebenso wie Glück. Dazu muß zwar nicht, aber darf jedenfalls gehören ein Steak, ein Glas Wein, Lachen, ein Mensch. Seien wir nicht so übersinnlich, daß wir nicht mehr sinnlich sein können!

Es geht mir nur solange schlecht, wie ich gut finde, daß es mir schlecht geht

Jedes Leid ist eine Leidenschaft. Wir genießen es. Wir benutzen es. Wir haben etwas davon. Wenn wir es nicht mehr genießen, nicht mehr benutzen, nichts mehr davon haben, verschwindet es wieder.

Haben Sie jemals als Kind erfolgreich verhindert, daß Ihre Eltern abends ausgegangen sind, indem Sie nachweislich Fieber bekamen?

Erinnern Sie eine Phase in Ihrem Leben, da Sie ständig krank wurden, sich Ihr Partner aber besonders liebevoll um Sie bemühte?

Gibt es Probleme in Ihrem Leben, die Menschen, mit denen Sie gerne zusammen sind, veranlassen, Ihnen etwas mehr Zeit zu widmen, als sie eigentlich hätten?

Manches Leid „erschafft" der Mensch sich, weil er dadurch Zuwendung bekommt, Aufmerksamkeit, weil er ‚Leidens-Gefährten‘ braucht (die Verwechslungsgefahr mit Freundschaft ist hier groß).

Manches Leid wird vom Menschen aber auch „zugelassen“, weil er die Tendenz hat, eine starke Opferpersönlichkeit zu werden. (‚Wie bin ich doch zu beklagen, zu bewundern und zu loben!‘).

Andererseits: der Mensch braucht gewisse Leid-Erfahrungen, weil er lernen soll, es a) anzunehmen und dann b) zu wandeln (und b geht nicht ohne a!) oder weil er selbst sich im Leid wandeln soll. Hier wirkt Leid also konstruktiv, wirkt es nicht bindend, sondern befreiend.

Wenn Ihnen etwas wehtut, fragen Sie sich:
„Was tut mir gut daran?“

Wenn Sie Leid lange zulassen, fragen Sie sich:
„Was will ich von mir?“

Sobald Sie den Sinn des Leids erkannt haben, macht das Leiden keinen Sinn mehr für Sie. Und es wird Ihnen wieder möglich sein, Ihr Leben zu genießen – auf andere Weise.

Unsere Wesensarten sind unsere Wesenheiten

Wir sind gleich-zeitig: zärtlich, ungeduldig, zornig, traurig, heiter, ordentlich, nachdenklich, faul, neugierig; was auch immer. Doch wir leben und erleben das nicht alles gleichzeitig. Einige unserer Wesensarten vertragen sich zwar so gut miteinander, daß sie gleichzeitig in Erscheinung treten, andere wiederum haben ihre speziellen Zeiten oder Anlässe, und wieder ganz andere Wesensarten lernen wir nur in Extremsituationen unseres Lebens kennen.

Alle unsere Wesens-Merk-Male lassen uns merken, welche(s) Wesen von uns wir gerade verkörpern:

Die Summe unserer heutigen Eigen-schaften besteht aus Wesens-Anteilen, die wir in den verschiedenen Präexistenzen verkörperten (wie vollkommen oder unvollkommen auch immer); diese Eigenschaften sind unser heutiges Ich-Programm, unser „Karma". Wir haben also für die jetzige Inkarnation Wesensarten ausgewählt, die zu den Aufgaben passen, die wir mit dieser Inkarnation verbinden; es ist vergleichbar der Situation, wenn wir auf eine Reise gehen und hierfür bestimmte Kleider auswählen, die Kleider, die dem Zweck unserer Reise dienen, dem Klima entsprechen, uns für bestimmte Gelegenheiten passend erscheinen. (Kleider machen Leute? Eigenschaften machen Menschen).

Wir haben unseren freien Willen bekommen zu entscheiden, wie wir denn nun „sein", welches Wesen wir an den Tag legen wollen. Wenn wir die Wesens-Merk-Male einmal genau studieren, lernen wir die Möglichkeiten kennen, die sie uns bieten, und wir lernen auch, sie zu beherrschen (anstatt von ihnen beherrscht zu werden).

So können wir z.B. das Wesen ‚Zorn' dort einsetzen, wo es gilt, Ungerechtigkeit zu erkennen, und wir können ihm, sagen wir, als Aufpasser, das Wesen ‚Gerechtigkeit' mitgeben. Das Wesen ‚Geduld' können wir bei allen Dingen einsetzen, die eine Entwicklungszeit brauchen. Das Wesen ‚Faulheit' kann uns zwischendurch helfen, uns zu regenerieren.

Wenn Sie Wesensarten haben, die mehr als ‚Un-Art' hervortreten, geben Sie ihnen einen ‚passenden' Aufgabenbereich.

Sagen wir, Sie haben die Eigenschaft, Dinge zu beginnen und nicht zu beenden. Wenn Sie diese Wesensart nicht kontrollieren, kommen Sie im Leben nie zu etwas. Aber es hat ja einen Grund, weshalb Sie sie mitgenommen haben auf Ihre Lebens-Reise. Setzen Sie diese Eigenschaft nun einmal dort ein, wo Sie geneigt sind, eine Überreaktion zu zeigen, jähzornig zu werden, Brücken hinter sich abzubrechen, zu resignieren. Hier wird diese Wesensart zum Freund.

Und so sind alle vermeintlichen Fehler und Unzulänglichkeiten das eigentliche „Wesen unserer Prüfungen“; hilfreiche, liebenswerte Wesen. Und deshalb ist jeder Mensch, auf seine Weise: liebenswert.

4. Kapitel

TEST: Erkennen Sie Ihr persönliches Plus

Was Sie können, und was Sie damit machen können

In meiner Praxis begegnen mir immer wieder Menschen, die äußerst phantasiebegabt darin sind sich auszumalen, was alles in ihrem Leben *nicht* machbar ist und warum selbstverständlich nicht. Auf jede von mir vorgeschlagene Warum-Doch-Lösung kommt prompt eine spannende Ja-Aber-Antwort.

Allen diesen Menschen ist eines gemein: sie kennen noch nicht ihren persönlichen Chancen-Reichtum.

Kennen Sie ihn?

Kennen Sie Ihre Stärken, Fähigkeiten, Hoffnungen, Wünsche, Ziele?

Aber ja, sagen jetzt viele, das habe ich alles im Kopf.

Gut. Und wie lange soll es da noch bleiben?

Schicken Sie es runter, über's Herz in den Bauch! Damit Sie ein *Gefühl* dafür bekommen, was Sie alles können, und was Sie alles damit machen können.

Ich bitte oft Klienten, eine Bilanz aufzustellen, „Listen“ anzufertigen, bei denen sie bestimmte Erkenntnisse einander gegenüberstellen. Ich möchte dies jetzt auch mit Ihnen praktizieren.

Auf den folgenden Seiten haben Sie Gelegenheit, sich für verschiedene Lebensbereiche Ihr Chancen-Profil auszuarbeiten. Bitte arbeiten Sie mit den Listen, ohne den Frage-Wortlaut zu verändern. Einfach ist die vor Ihnen liegende Arbeit keineswegs; Sie werden dies rasch merken. Zu Beginn werden Sie z.B. Selektionsprobleme haben, mit Prioritäten kämpfen. Das ist ganz natürlich. Es ist ein notwendiger, also gewollter Prozeß. Dennoch möchte ich Ihnen Hilfestellung geben: auf der Rückseite einer jeden Liste sind einige – aber ebenfalls gewollt wenige – Beispiele zur Bilanzierung gegeben.

Und nun wünsche ich Ihnen, daß Sie den Unterschied *spüren* zwischen Kopfwissen und Bauchwissen, zwischen Grauzellen-Theorie und der Lust am Leben!

1. Bilanz
Gesamtpersönlichkeit

Was ich kann	Was ich damit machen kann

Beispiele:

Bilanz Gesamtpersönlichkeit

Was ich kann	**Was ich damit machen kann**
Lieben	Menschen glücklich machen. Helfen.
Komplizierte Zusammenhänge erfassen	Einfach und prägnant erklären. Intellektuelle Interessen ausweiten.
Pläne durchsetzen	Anderen das entsprechende Know-how vermitteln. Kraft geben. Überzeugen.
Klavier spielen	Schwingungen erzeugen, die Menschen berühren. Mozart spielen. Pianist werden, vielleicht. Mir selbst Freude machen.

2. Bilanz
Selbstliebe

Welche Eigenschaften ich an mir liebe	Welche Menschen ich damit anziehe

Beispiele:

Bilanz
Selbstliebe

Welche Eigenschaften ich an mir liebe	**Welche Menschen ich damit anziehe**
Tierliebe	Verständnisvolle, nachsichtige, mitfühlende, humorvolle, liebevolle, umsichtige Menschen
Aufrichtigkeit	Menschen, die die Wahrheit ertragen können. Verantwortungsvolle Menschen
Allein sein zu können	Menschen mit ausgeprägter Persönlichkeit, unegoistische, sensible, rücksichtsvolle Charaktere

3. Bilanz
Liebe, Partnerschaft

Welche Eigenschaften ich am anderen liebe	Wie ich diese Eigenschaften würdige

Beispiele:

Bilanz
Liebe, Partnerschaft

Welche Eigenschaften ich am anderen liebe	**Wie ich diese Eigenschaften würdige**
Absolute Integrität	Achtung – Absolute Akzeptanz – Vertrauen – Hingabe
Riecht so gut!	Na, wie wohl!?
Klugheit	Ich vertraue auf das Urteil, frage um Rat, lerne, bekomme und gebe selbst Impulse

4. Bilanz
Traumberuf

Welchen Beruf ich gerne ausüben würde	Welche Voraussetzungen hierfür ich erfülle, die in meinem heutigen Beruf wichtig sind

Beispiele:

Bilanz
Traumberuf

Welchen Beruf ich gerne ausüben würde	**Welche Voraussetzungen hierfür ich erfülle, die in meinem jetzigen Beruf wichtig sind**
Lokomotiv-v-v-v-v-führer	Konzentration – Reaktionsschnelligkeit – Technisches Verständnis – Verantwortungsbewußtsein
Schauspieler	Gutes Gedächtnis – Kontrollierte Mimik und Gestik – Überzeugungskraft – sicheres Auftreten – angenehme Stimme
Malerin	Kreativität – Intuition – Sensibilität – Selbstvertrauen – Harmonieverständnis – Ausdauer

5. Bilanz
Ausgeübter Beruf

Welche Tätigkeiten zu meinem Beruf gehören	Was ich im übertragenen Sinne auf geistiger Ebene damit bewirke

Beispiele:

Bilanz
Ausgeübter Beruf

Welche Tätigkeiten zu meinem Beruf gehören	Was ich im übertragenen Sinne auf geistiger Ebene damit bewirke
Telefonistin: Gespräche annehmen und weiterleiten	Analogie: Ich verbinde die richtigen Menschen miteinander
Fensterputzer: Balancieren – Fenster - putzen	Analogie: Ich bin in meinem Gleichgewicht und kann anderen den „Durchblick“ verschaffen, wieder mehr „Licht“ in ihr Leben bringen

6. Bilanz Finanzen

Welche Assoziationen ich mit Geld verbinde	Was ich in meinem Leben damit auslöse

Beispiele:

Bilanz
Finanzen

Welche Assoziationen ich mit Geld verbinde	Was ich in meinem Leben damit auslöse
„Geld verdirbt den Charakter“	Angst vor Geld und damit „Flucht“ in den Geldmangel
Ich brauche nicht viel Geld	Freiwillige materielle Begrenzung
Einmal 6 Richtige im Lotto!	Aufgabe der Eigenverantwortung für das materielle Wohlergehen und damit Übersehen von tatsächlichen „Gewinn“-Chancen
Ich werde immer haben, was ich brauche, auch mehr als das	Öffnung für alle Energien, die mich mit der materiellen Lebens-Energie Geld verbinden

Schluß-Bilanz zur eigenen Persönlichkeit

Wenn Sie Ihre Listen als abgeschlossen oder ausreichend beantwortet betrachten, legen Sie die drei wichtigsten Aussagen fest. Fragen Sie sich dann, ob die deutlich gewordenen Perspektiven wirklich gewollt sind bzw. Ihnen etwas bedeuten. Alle Ja-Antworten sollten in der Schlußbetrachtung übereinstimmenden Charakter haben (Wenn Sie z.B. in der Bilanz Selbstliebe Ihr Alleinseinkönnen präferieren, wird Ihr Traumberuf kaum Schauspieler sein können). Wenn Sie in Ihrer Persönlichkeitsbilanz Aspekte sehen, die einander widersprechen oder sich gegenseitig behindern, überprüfen Sie noch einmal die von Ihnen gesetzten Prioritäten. Bleibt es bei der Bewertung, so nutzen Sie die Gegensätzlichkeiten als Information: sie sagen nämlich aus, in welchen Lebensbereichen Sie sich auf welche Weise Probleme geschaffen haben. Durch die Bilanz ist es Ihnen nun möglich, Ihr Leben erfolgreich zu gestalten.

Tragen Sie die komprimierten Ergebnisse in die hier anschließenden Frageschemata ein.

1. Auswertung
Gesamtpersönlichkeit

1.
Was ich kann ______________________________
Was ich damit machen kann ____________________
Will ich das? ______________________________

2.
Was ich kann ______________________________
Was ich damit machen kann ____________________
Will ich das? ______________________________

3.
Was ich kann ________________________________
Was ich damit machen kann ______________________
Will ich das? ________________________________

2. Auswertung
Selbstliebe

1.
Welche Eigenschaften ich an mir liebe ______________
Welche Menschen ich damit anziehe _______________
Will ich das? ________________________________

2.
Welche Eigenschaften ich an mir liebe ______________
Welche Menschen ich damit anziehe _______________
Will ich das? ________________________________

3.
Welche Eigenschaften ich an mir liebe ______________
Welche Menschen ich damit anziehe_______________
Will ich das? ________________________________

3. Auswertung
Liebe, Partnerschaft

1.
Welche Eigenschaften ich am anderen liebe ___________
Wie ich diese Eigenschaften würdige ______________
Will der andere das? ___________________________

2.
Welche Eigenschaften ich am anderen liebe ________________
Wie ich diese Eigenschaften würdige ______________________
Will der andere das? ____________________________________

3.
Welche Eigenschaften ich am anderen liebe ________________
Wie ich diese Eigenschaften würdige ______________________
Will der andere das? ____________________________________

4. Auswertung
Traumberuf

1.
Welchen Beruf ich gerne ausüben würde __________________
Welche Voraussetzungen ich hierfür erfülle, die in meinem heutigen Beruf wichtig sind __________________________
Was bedeutet mir das? __________________________________

2.
Welchen Beruf ich gerne ausüben würde __________________
Welche Voraussetzungen ich hierfür erfülle, die in meinem heutigen Beruf wichtig sind __________________________
Was bedeutet mir das? __________________________________

3.
Welchen Beruf ich gerne ausüben würde __________________
Welche Voraussetzungen ich hierfür erfülle, die in meinem heutigen Beruf wichtig sind __________________________
Was bedeutet mir das? __________________________________

5. Auswertung

Ausgeübter Beruf

1.

Welche Tätigkeiten zu meinem Beruf gehören ______________

Was ich im übertragenen Sinne auf geistiger Ebene damit bewirke ____

Was bedeutet mir das? ____________________________

2.

Welche Tätigkeiten zu meinem Beruf gehören ______________

Was ich im übertragenen Sinne auf geistiger Ebene damit bewirke ____

Was bedeutet mir das? ____________________________

3.

Welche Tätigkeiten zu meinem Beruf gehören ______________

Was ich im übertragenen Sinne auf geistiger Ebene damit bewirke ____

Was bedeutet mir das? ____________________________

6. Auswertung

Finanzen

1.

Welche Assoziationen ich mit Geld verbinde ______________

Was ich in meinem Leben damit auslöse ________________

Will ich das? ____________________________________

2.
Welche Assoziationen ich mit Geld verbinde ____________________
Was ich in meinem Leben damit auslöse ____________________
Will ich das? ____________________

3.
Welche Assoziationen ich mit Geld verbinde ____________________
Was ich in meinem Leben damit auslöse ____________________
Will ich das? ____________________

5. Kapitel

Karma aus dem Namen erkennen

Das Engel-Alphabet

Jahrtausendealter Überlieferung verdanken wir das Wissen, daß jedem Buchstaben unseres Alphabets eine Energie innewohnt, die ihren spezifischen Schwingungsrhythmus (Frequenz) und so ihre spezifische Resonanz hat. Wenn wir affirmativ einen Buchstaben denken oder aussprechen, treten wir in Kontakt mit dieser Energie, jenem kosmischen „Ansprech-Partner“, der bestimmte Wesens-Arten auf sich vereint; wir sprechen die/das Wesen unserer Wünsche, Hoffnungen, Fragen und Probleme an: Engel.

Engel-Alphabet*)

A, Ä Willensbehauptung, Energie, Kraft, Aktion, Initiative, Engagement, Orientierung, Prinzipien, Konzentration, Eigenverantwortung, Autorität

B Wissen, Intelligenz, Intellekt, Talent, Studien, Theorie, Bewußtseinsentwicklung, Wissensdrang

C Spiritualität, Esoterik, Parapsychologie, Grenzwissen(schaften), Sensitivität, Intuition, Erkenntnis, Medialität, Beeinflußbarkeit, Kunst, Kreativität

CH Kosmische Ordnung, Recht, Gerechtigkeit, Gesetz, Ordnung, Rechtschaffenheit, Präzision, Konstruktivität, Fairneß, Integrität, inneres Gleichgewicht, Gesundheit

D Arbeit, Handlung, Tat, Spontaneität, Impuls(ivität), Fleiß, Systematik, Umsicht, Pragmatismus, Expansion, Geltung, Entscheidung, Öffentlichkeit

*) Einige Buchstaben haben gleiche Bedeutung

E Religio(n), Dienen, Helfen/Hilfe, Heilendes, Heilsames, Kosmischer Einfluß, Sensibilität, Feingeistigkeit, Subtilität, Edelmut, Großzügigkeit, Stil, Charakter, Niveau, Herkunft, Unerforschliches, Unerklärliches, Sinn des Lebens, Liebe

F Wahrheit/Wahrhaftigkeit/Aufrichtigkeit, Glaube, Hoffnung, Idealismus, Wärme, Herzlichkeit, Mitgefühl, Mitleid, Güte, Gutmütigkeit, Nächstenliebe, Beistand aus der geistigen Welt

G Gemeinschaft, Gemeinsamkeiten, Kommunikation, Verständigung, Hilfsbereitschaft, Freundschaft, Kooperation, Integration, Vermittlung/Intervention, Frieden, Vernunft, Soziales Engagement, Extrovertiertheit

H Kosmische Ordnung, Recht, Gerechtigkeit, Gesetz, Ordnung, Rechtschaffenheit, Präzision, Konstruktivität, Fairneß, Integrität, inneres Gleichgewicht, Gesundheit

I, J Veränderung, Wechsel, Aufbruch, Umbruch, Revolution, Innovation, Reform, Übergang/Übergangslösung, Nebenbeschäftigung, Abgrenzung, Trend, Flexibilität, Unbeständigkeit, Launenhaftigkeit, Loslösung, Reisen, Unabhängigkeit

K Spiritualität, Esoterik, Parapsychologie, Grenzwissen(schaften), Sensitivität, Intuition, Erkenntnis, Medialität, Beeinflußbarkeit, Kunst, Kreativität

L Karmische Aufgabe, Geben, Hingabe, Demut, Opfer, Aufopferung, Pflichterfüllung, Bescheidenheit, Unterordnung, Verlust, Verzicht, Dienst am Nächsten, Verantwortung, Treue

M Höheres Wissen, Persönlichkeitstransformation, Umwandlung/Verwandlung, Abschied, Tod, Krise, Zerstörung, Neurorientierung, Neubeginn, Mystik, Geheimnisse

N Disziplin, Verständnis, Kampf, Pioniergeist/Pionierarbeit, Zuverlässigkeit, Vorbild/Vorbildlichkeit

O, Ö Schwierigkeiten, Probleme, Hindernisse, Chaos, Katastrophen, Leid, seelische Belastung, Extremsituationen, Lernprozeß, Einweihungsweg, Lehren, Beraten

P, PH Wahrheit/Wahrhaftigkeit/Aufrichtigkeit, Glaube, Hoffnung, Idealismus, Wärme, Herzlichkeit, Mitgefühl, Mitleid, Güte, Gutmütigkeit, Nächstenliebe, soziales Engagement, Beistand aus der geistigen Welt

Q Harmonie, Zufriedenheit, Glück, Freude, Liebenswürdigkeit, Liebenswertes, Humor, Positives Denken

R Karmische Wiederbegegnungen, Schlüsselerlebnisse, Déjàvú-Erlebnisse, geistige Orientierung, geistiger Fortschritt

S Chancen, Aufstieg, Karriere, Erfolg, Fortschritt, Resonanz, Ansehen, Ehre, Prominenz, Ruhm

SCH, SH Unrichtiges, Lüge, Verleumdung, Unrecht, Ungerechtigkeit, Einfältigkeit, Egoismus, Nihilismus, Kriminalität, Sucht, Verfolgung, Destruktivität, Unordnung, Unfallneigung, Krankheit, Gefahr

T Psychologie, Philosophie, Herzensbildung, Lebensklugheit, Weisheit, Takt/Taktik, Diplomatie, Kultur, Bildung, Göttliche Fügung

TH Astralwirken, Ätherisches, Träume, Visionen, Außersinnliche Wahrnehmung, Nostradamismus, Genialität

U/Ü, V, W	Prüfung, Kritik, Forschung, Analyse, Interesse, Neugier, Entdeckung, Erfindung, Aufklärung, Sexualität
X	Einfluß, Beeinflussung, Ausstrahlung, Anziehungskraft/Persönlicher Magnetismus, Charme, Wirkung, Kompetenz, Macht
Y	Veränderung, Wechsel, Aufbruch, Umbruch, Revolution, Innovation, Reform, Übergang/Übergangslösung, Nebenbeschäftigung, Abgrenzung, Trend, Flexibilität, Unbeständigkeit, Launenhaftigkeit, Loslösung, Reisen, Unabhängigkeit
Z	Überwindung, Selbstüberwindung, Beherrschung, Zähigkeit, Durchstehvermögen, Überlegenheit, Souveränität, Überlegung, Strategie, Verzeihen, Lob, Sieg, Gewinn/e/n

Die Engel in unserem Namen

Da jedem Buchstaben eine bestimmte Energie innewohnt, ist es natürlich interessant und hilfreich zu wissen, welche Kräfte sich in den Buchstaben unseres Namens vereinen.

Mit der von mir begründeten Karma-Kabbalistik, die aber Thema eines anderen Buches von mir ist und das auch bleiben soll*), lassen sich Sinn und Weg des jetzigen Lebens erkennen, unsere Gaben und Aufgaben, Pflichten und Prüfungen, aber auch unsere Berufung, unsere Hilfen und Chancen. Die Ausarbeitung dieser Faktoren nach verschiedenen in diesem Buch erstmals veröffentlichten Systemen wird eingeleitet von einer Namens-Analyse, einem Psychogramm. Da ich der Meinung bin, daß diese Grundkenntnisse der eigenen Persönlichkeit im vorliegenden Buch aber zum Thema gehören, möchte ich Teile des betreffenden Kapitels hier einfließen lassen.

---

*) Hoefler, Namen – das ausgesprochene Geheimnis, Windpferd, Aitrang, 2. Aufl. 1989

Die Kraft der Engel in unserem Namen

Je öfter ein Buchstabe in unserem Namen vorkommt, desto stärker sind wir mit der hierin repräsentierten Energie verbunden. Es gilt folgende Regel:

1 x
Normal starke Wirkung

2 x
Verstärkte Wirkung

3 x
Optimale Wirkung

4 x und öfter
Tendenz zur Übertreibung oder Umkehrung der entsprechenden Kraft; Prüfungsaspekt

Wirkungs-Bereiche der Engel

Nach der Überlieferung entspricht jeder Buchstabe einer Zahl. Wenn ein Name mehrere Male denselben Buchstaben aufweist, so wird die Zahl der Häufigkeit multipliziert mit der den Buchstaben repräsentierenden Zahl. Dadurch ergibt es sich, daß die Energien unserer ‚Namens-Engel' in den unterschiedlichsten Bereichen wirksam werden können.

Beispiel:	Buchstabe:	A
	Zahl:	1
	Energie:	Wille

Wenn ein Name 3 x den Buchstaben A aufweist, rechnen wir: 3 x 1 = 3. Die ‚Willens'-Energie wird also eingesetzt in einem Bereich, der die Zahl 3 repräsentiert. Hier: Gemeinschaft, Kommunikation (vgl. ‚Kurz-Definition' S. 84). Dieser Mensch wird seinen Willen folglich optimal in einem größeren sozialen Umfeld = in der Gemeinschaft einsetzen bzw. durchsetzen.

Erkenntnis aus dem Psychogramm

Ein Namens-Diagramm, seinem Wesen nach ein Psychogramm, gibt uns auf einen Blick Aufschluß darüber, welche Kräfte wir wo/wie einsetzen, wo unsere Prüfungen, unsere Stärken, unsere „persönlichen“ Engel wirken.

Betrachten wir dazu, als Gesamt-Beispiel, das Psychogramm von Albert Schweitzer.

Beispiel:

Psychogramm von Albert Schweitzer

Psycho-gramm	Einzel-wert	1 x	2 x	3 x	4 x	... x	Gesamt-wert
A, Ä	1	X					1
B	2	X					2
C	11						
CH	8						
D	4						
E	5	X	X	X			15
F	17						
G	3						
H	8						
I, J	10	X					10
K	11						
L	12	X					12
M	13						
N	14						
O, Ö	16						
P, PH	17						
Q	19						
R	20	X		X			40
S	21						
SCH, SH	18	X					**18**
T	9	X					9
TH	22						
TS, TZ	18	X					**18**
U/Ü, V, W	6	X					6
X	15						
Y	10						
Z	7						

*) Die Zahlen 8, 10, 11, 17 + 18 kommen zweimal vor. Im Beispiel A. S. die Zahl 18. Hier rechnet man demnach: 2 x 8 = 36 = 9.

Albert Schweitzer

Das immerwache Interesse des Theologen und Kulturphilosophen Albert Schweitzer (1875-1965) galt Bereichen, die starkes persönliches Engagement und Opferbereitschaft verlangten und ihn konfrontierten mit Krankheit und Gefahr. Der ‚Arzt von Lambarene' heilte, unter oft extremen Bedingungen, unzählige Menschen, wie wir alle wissen. Seine ‚Stärken' lagen in der Unerschrockenheit und dem Wissen darum, daß er eine Mission hatte; seine größte Kraft aber bezog Albert Schweitzer aus der Religio, der Rückbindung – und aus seiner Liebe für die Menschen.

Interpretation aus dem Psychogramm
(vgl. Kurz-Definition S. 84)

Albert Schweitzer vereinte auf sich folgende Kräfte:

1 x = normale Wirkung

von:
A = 1 = Wille, Energie
B = 2 = Wissen, Studien
I = 10 = Veränderung, Reform
L = 12 = Opfer, Verzicht, Kamische Aufgabe
T = 9 = Philosophie, Weisheit
W = 6 = Prüfung, Forschung

Die jeweilige Energie wurde von A. S. im normalen Grad erfahren und umgesetzt.

2 x = verstärkte Wirkung

von:
18/ Unrecht, Krankheit, Gefahr
Wirkungsbereiche: (SCH, TZ = 2 x 18 = 36) = 9/ Philosophie, Weisheit
Die verstärkte Wirkung von Unrecht, Krankheit und Gefahr wurde von A. S. durch Philosophie und Weisheit bewältigt.

2 x = verstärkte Wirkung

von:
20/ Mission (Wiedergeburt)
im Wirkungsbereich: (R = 2 x 20 = 40) = 4/Arbeit

Die verstärkt bei A. S. spürbare Mission wurde von ihm im Arbeitsbereich erfüllt.

3 x = optimale Wirkung

von:
5/ Religio(n), Hilfe, Heilung, Liebe
im Wirkungsbereich: (E = 3 x 5) = 15/ Kompetenz, Einfluß

Religio(n), Hilfe, Heilung und Liebe wurden von A. S. optimal in Bereichen eingesetzt, in denen er Kompetenz und Einfluß besaß.

---

*) Notieren Sie für jeden zu Ihrem Namen gehörenden Buchstaben in der betreffenden Rubrik ein Kreuz (x), bei jeder Buchstabenwiederholung je ein weiteres Kreuz. Hierfür sind 5 Spalten eingerichtet, wobei Sie in der 5. Spalte den Multiplikationsfaktor bitte selbst einsetzen wollen. Beachten Sie beim Eintrag bitte die alphanumerischen Doppelbuchstaben CH/PH/SCH/SH/TS/TZ; ß wird als 2 x S notiert.
Lesen Sie in der Spalte ‚Einzelwert' nach, mit welcher Zahl ggf. zu multiplizieren ist, und tragen Sie das Ergebnis unter ‚Gesamtwert' ein. Liegt diese Zahl über 22, so gilt deren Quersumme. Achten Sie bitte auf evtl. Duplikationen (z.B. die Zahl 18 wird sowohl bei SCH als auch bei TZ notiert).

Ihr persönliches Psychogramm*)

Psycho-gramm	Einzel-wert	1 x	2 x	3 x	4 x	... x	Gesamt-wert
A, Ä	1						
B	2						
C	11						
CH	8						
D	4						
E	5						
F	17						
G	3						
H	8						
I, J	10						
K	11						
L	12						
M	13						
N	14						
O, Ö	16						
P, PH	17						
Q	19						
R	20						
S	21						
SCH, SH	18						
T	9						
TH	22						
TS, TZ	18						
U/Ü, V, W	6						
X	15						
Y	10						
Z	7						

Karma – Kurz-Definition*)

1	A,Ä	Wille, Energie
2	B	Wissen, Studien
3	G	Gemeinschaft, Kommunikation
4	D	Handlung/Tat, Arbeit
5	E	Religio(n), Hilfe, Heilung, Liebe
6	U,Ü,V,W	Prüfung, Kritik, Forschung, Analyse
7	Z	(Selbst)-Überwindung, Sieg
8	H,CH	Recht, Ordnung, Gesundheit
9	T	Philosophie, Weisheit, Psychologie
10	I,J,Y	Veränderung, Reform, Reisen
11	C,K	Spiritualität, Intuition, Kreativität
12	L	Karmische Aufgabe, Opfer, Hingabe
13	M	Höheres Wissen, Abschied, Neubeginn
14	N	Disziplin, Pioniergeist, Vorbild
15	X	Einfluß, Wirkung, Kompetenz
16	O,Ö	Probleme, Lernen, Lehren, Einweihung
17	P,PH	Nächstenliebe, soziales Engagement
18	SCH,SH, TS,TZ	Unrecht, Krankheit, Gefahr
19	Q	Harmonie, Freude, Humor, Positives
20	R	Mission (Wiedergeburt), Wiederbegegnung
21	S	Chancen, Erfolg, Fortschritt
22	TH	Astralwirken, Phantasie, Träume, ASW

---

*) Teilweise überlieferte, überwiegend jedoch von der Autorin überarbeitete und umfangreich ergänzte Typologie.
Quellen:
Reichstein, Praktisches Lehrbuch der Kabbala, Berlin, 1961
Hoefler/Atti, Reinkarnationsforschung mit dem Pendel, 2. Aufl., Durach, 1989
Hoefler, Namen – das ausgesprochene Geheimnis, 2. Aufl., Durach, 1989

Alphabetzahlen-Schlüssel

A, Ä	1	A, Ä	1
B	2	B	2
G	3	C	11
D	4	D	4
E	5	E	5
U, Ü, V, W	6	F	17
Z	7	G	3
H, CH	8	H, CH	8
T	9	I, J	10
I, J, Y	10	K	11
C, K	11	L	12
L	12	M	13
M	13	N	14
N	14	O, Ö	16
X	15	P, PH	17
O, Ö	16	Q	19
F, P, PH	17	R	20
SCH, SH, TS, TZ	18	S	21
Q	19	SCH, SH	18
R	20	T	9
S	21	TH	22
TH	22	TS, TZ	18
		U, Ü, V, W	6
		X	15
		Y	10
		Z	7

6. Kapitel

Jeder Mensch ist unser Lehrer

Was wir am anderen kritisieren, haben wir selbst noch zu kurieren

Was ist eigentlich Neid? Da hat doch jemand tatsächlich etwas, das ich nicht habe! Da kann doch jemand tatsächlich etwas, das ich nicht kann! Da traut sich doch jemand tatsächlich etwas, das ich mich nicht traue!

Hat was. Kann was. Traut sich was.

So werden Götter gemacht.

So geben wir anderen Macht über uns.

So machen wir uns zu Sklaven; modern formuliert: wir kritisieren.

Was anderes aber ist diese Kritik, als ein verkleidetes Traurigsein oder ein Abschiednehmen von den eigenen Möglichkeiten?

Und wenn es die Kritik an bestimmten Eigenschaften, an einem bestimmten Verhalten ist: merken wir nicht, daß wir uns vielleicht genauso verhalten möchten wie der andere oder diese Phase noch gar nicht so lange abgeschlossen haben? Ist uns am anderen nicht gerade deshalb etwas zuviel, weil es uns fehlt?

Was mir am anderen zuviel ist, fehlt mir selbst

Jede Kritik über ein Zuviel beim anderen zeigt uns, wo wir noch angreifbar, wo wir noch nicht fertig sind. Akzeptieren Sie einfach, was ein anderer hat oder tut: er braucht das aus irgendeinem Grund. Sie wären in der gleichen oder in einer vergleichbaren Situation, würden auch Sie das brauchen. Aber fragen Sie sich: ‚Habe ich das wirklich nötig?'

Wenn es Ihnen zuviel ist, daß jemand ein teures Auto fährt, fragen Sie sich, ob es Ihnen nicht an Selbstbewußtsein mangelt; fragen Sie sich, ob Sie das nötig haben – so nötig wie der andere.

Wenn es Ihnen zuviel ist, daß jemand fünfmal im Jahr Urlaub

macht, fragen Sie sich, was Ihnen Ihr Zuhause bedeutet – und dem anderen das seine.

Und dann schauen Sie sich einmal genau an, wovon der andere *zuwenig* hat.

Jedes Zuviel bei einem Menschen läßt darauf schließen, wo sein Zuwenig liegt; es ist immer erkennbar in seinem Gegenteil:

Zuviel Business – zuwenig Freizeit. Zuviel Sex – zuwenig Liebe. Zuviel Feste – zuwenig Ruhe.

Können Sie, so betrachtet, nicht sehr zufrieden sein mit dem vermeintlich Wenigen, das Sie haben?

Unser Gegenüber als Spiegel

Mittlerweile kennt ihn wohl jeder, diesen manchmal etwas enervierenden Spitz-paß-auf-Satz: „Was will es mir sagen?“. Man kann diese Frage mühelos bis zum Fatalismus treiben, kann in jeder Fata Morgana eine persönliche Botschaft des Universums sehen. Übersehen dagegen wird leicht, daß unser jeweiliges Vis-a-Vis „uns etwas sagen will“ (ob es will oder nicht).

Wir alle umgeben uns mit den Menschen, die uns auf irgendeine Weise Botschaft sind.

„Das Verhalten des anderen ist eine meiner Erfahrungen. Mein Verhalten ist eine seiner Erfahrungen. Ich sehe dich, und du siehst mich. Ich erfahre dich, und du erfährst mich. Ich sehe dein Verhalten, und du siehst mein Verhalten. Aber ich sehe nicht deine Erfahrung von mir, ebensowenig, wie du meine Erfahrung von dir siehst“, schreibt der schottische Arzt, Psychiater und Psychologe Ronald D. Laing*).

Die generelle Erfahrung, die wir machen, wird sein, und der andere, unser Spiegel, sagt es uns:

Was ich am anderen liebe, bin ich selbst.

Was ich am anderen ablehne, bin ich selbst.

---

*) Laing, Phänomenologie der Erfahrung, edition suhrkamp, 10. Aufl., 1979

Wir können erstaunlich schnell eigene ‚Fehler‘ ablegen dadurch, daß wir erkennen, daß der andere sie hat. Genauso können wir natürlich ‚Schwächen‘ an uns lieben lernen, weil wir dem anderen damit so ähnlich werden. Nochmal Laing: „Aber ich sehe nicht deine Erfahrung von mir, ebensowenig, wie du meine Erfahrung von dir siehst“.

Eines Tages verliebte ich mich im Sturzflug in einen Menschen, der mir sehr gleich war. Wir hatten die gleichen Ansichten, den gleichen Geschmack, die gleichen Vorlieben und Abneigungen, den gleichen Humor, die gleichen Eigenheiten und Besonderheiten und – die gleichen ‚Fehler‘. Und ich stürzte mich nun nicht etwa zuerst auf alle rosaroten Eigenschaften, sondern begann, die ‚Fehler‘ zu lieben. Damals fragte sogar ich mich, ganz behutsam, so, als ob man mit einem kranken Pferd spräche: ‚Was will es mir sagen?‘.

Es sagte mir, daß ich an diesem Menschen exakt die Eigenschaften liebte, die ich bei mir noch nicht ganz angenommen hatte. Ich begann endlich, mich selber zu lieben.

Dieser Mensch war der beste Spiegel, den ich je hatte. Deshalb waren wir uns begegnet; wir wurden nie ein Paar.

Wenn es für unsere Selbst-Erfahrung notwendig ist, verändert sich unser Spiegel. Wir wechseln die Freunde, die Stelle, die Wohnung und nach zwanzig Jahren Mallorca vielleicht auch einmal unseren Urlaubsort. Und mit jeder Veränderung kommen wir weiter, kommen wir uns näher. Spiegel werden erst blind, sagt man, wenn sie alt sind.

Was ich am anderen ablehne, bin ich selbst

Was ist es wirklich, das Sie so stört am anderen, das Sie selber nicht oder das Sie anders machen würden? Seien Sie einmal ganz ehrlich sich selbst gegenüber, beantworten Sie sich in aller Ruhe die nachfolgenden Fragen. Sie werden erkennen, daß Sie im anderen einen Aspekt von sich selber ablehnen und warum Sie das tun. Sie werden Erfahrungen, die vielleicht verdrängt worden sind, aufarbeiten und sich ganz annehmen können.

Persönlichkeitstest

Was ich am anderen ablehne

(Jeweilige) Eigenschaft
Warum lehne ich diese Eigenschaft beim anderen ab?
Habe ich Nachteile durch diese Eigenschaft?
Bin ich selbst schon einmal abgelehnt worden?
An was erinnert mich der andere?
An wen erinnert mich der andere?
Was würde ich tun, wenn ich diese Eigenschaft hätte?
Habe ich diese Eigenschaft?
Hätte ich sie gerne?
Hätte ich sie, wenn ich damit inkognito bleiben könnte?
Würde ich genauso handeln wie der andere?
Was würde ich anders machen?
Kann ich dem anderen sagen, was ich an ihm ablehne?
Möchte ich es sagen?
Warum sage ich es nicht?
Wie könnte ich etwas ändern beim anderen?

Hatte ich früher selbst einmal diese Eigenschaft?
Welche Nachteile hatte ich hierdurch?
Bin ich deswegen abgelehnt worden?
Was habe ich anders gemacht als der andere?
Habe ich mich aus eigener Kraft geändert?
Fürchte ich, hierin rückfällig zu werden?

Kenne ich noch andere Menschen mit dieser Eigenschaft?
Wie stehe ich zu ihnen?
Durch welche äußeren Umstände treffe ich auf solche Menschen?

Kann ich mich dem entziehen?
Werde ich mich dem künftig entziehen?
Lehnt mein Partner/meine Partnerin diese Eigenschaft ab?
Welche Art Menschen lehnen diese Eigenschaft ab?
Wie stehe ich zu ihnen?

Bin ich selbst –?

Jede Eigenschaft, die wir an uns kennen, können wir entweder annehmen oder verändern. Wir vertiefen damit die Liebe zu uns selbst und das Vertrauen in uns selbst.
Jede Eigenschaft, die wir überwunden oder akzeptiert haben, werden wir am anderen nicht mehr kritisieren.
Sie haben den freien Willen zu entscheiden, ob Sie sich annehmen oder verändern wollen.

Was ich nicht loslasse, das läßt auch mich nicht los

Die Schilderungen beginnen fast alle mit „Immer wieder ...". Immer wieder falle ich auf denselben Typ herein. Immer wieder kommt es zu Streitigkeiten, weil. Immer wieder passiert es mir, daß.

Genauso ist es und wird es immer bleiben: man muß nur fest dran glauben!

Wie viele Menschen erschaffen sich immer wieder diese Immer-wieder-Situationen. Durch die Macht ihrer Gedanken. Durch das geistige Festhalten an vorzugsweise negativen Erfahrungen. Dadurch, daß sie dem anderen und/oder sich selbst nicht verzeihen.

In meine Sprechstunde kam ein Mann mittleren Alters, der sich selbst als großzügig, zärtlich, rücksichtsvoll, liebevoll beschrieb und mich resigniert anschaute als er sagte: „Ich kann es nicht verstehen, trotzdem betrügen mich die Frauen immer wieder". Ich fragte ihn, ob dies seine feste Überzeugung sei. Aber ja, er würde doch immer wieder diese Erfahrungen machen. Ob er befürchte, daß dies auch in Zukunft so sei, wollte ich wissen, und wieder bejahte er. Ob er sich vorstellen könne, daß eine Frau ihm treu sei, insistierte ich weiter. Diesmal verneinte er. Und dann hatte er verstanden. Er hatte immer einen Frauentyp gewählt, der seinen Erfahrungen (Wiedererkennung) und seiner Überzeugung (hier: negative Erwartungshaltung) entsprach, und da er sich durch diese beiden Programmierungen natürlich auch nicht die gegenteilige Situation vorstellen konnte, war sozusagen sein negatives Denken positiv:

Was uns mit einem anderen Menschen ver-bindet, gründet sich auf Gedanken und Emotionen. Eine negative Erfahrung mit diesem Menschen, die wir ihm und auch uns selber nicht verzeihen, bindet uns also negativ an diesen Menschen, d.h., wir sind in negativer Weise gebunden an unsere Emotionen und Gedanken; wir leben mit ihnen. Nach dem Gesetz der Resonanz ziehen wir nun exakt den Typus Mensch (immer) wieder in unser Leben, der unserem Denken und Fühlen entspricht. Perfekt, nicht wahr?

Nicht nur deshalb, aber auch deshalb sollten wir Menschen, die uns weh getan haben, verzeihen; wir können uns keinen größeren Gefallen tun. Und vor allem sollten wir uns selber verzeihen. Denn wir selber waren es, der diese Erfahrung irgendwann einmal vorprogrammiert hat. Durch Überzeugungen, Vorurteile, Mißtrauen, Ängste; Gedanken.

Alles, alles sich in unserem Leben Manifestierende ist Ergebnis unserer Gedanken. Der Gedanke ist die Voraussetzung dafür, daß etwas geschehen kann, er ist das Material, aus dem unsere Erfahrungen bestehen. Sagen Sie nicht ‚Ich hätte nie gedacht, daß ...!'. Sie haben. Irgendwann haben Sie es gedacht, haben Sie geglaubt, daß es geschehen kann.

Wenn ein Mensch sich von Ihnen trennen möchte, lassen Sie ihn gehen. Geistig ist er schon gegangen. Hier geht es nur noch um die Zeit der Materialisation seines Gedankens. Lassen Sie ihn los, und zwar in Liebe – wenn Sie daran interessiert sind, jemals selbst wieder Liebe zu erfahren.

Wie ist das nun bei positiven Erfahrungen? Wenn wir die nicht loslassen, behalten wir sie dann „für immer"?

Wir sind Reisende in diesem Leben. Nichts, was wir konfrontieren, ist unser Eigentum. Wir schauen es uns an, reisen weiter. Ebenso, wie wir nichts Negatives behalten müssen, dürfen wir Positives als unseren Besitz betrachten. Das Positive nicht loslassen bedeutet für einen Reisenden, daß er an einem Ort verweilt. Daß er nicht weiterkommt.

Der Wechsel allein ist das Beständige, sagte Schopenhauer.

7. Kapitel

Das magische Gebet

„Der liebe Gott legt keinen rein"

Was macht eigentlich die Faszination des Zauberns aus? Da geschieht etwas vor unseren Augen – und doch wieder nicht vor unseren Augen –, etwas, das uns staunen macht! Da verwandelt sich ein Ding in ein anderes, Gegenstände verschwinden, andere wieder vervielfachen sich!

Kinder lieben Zauberer. Kinder können glauben. Können vertrauen. Sich freuen, dankbar sein.

Erwachsene wollen Fakten. Wollen die Gesetze kennen, nach denen etwas geschieht. Wollen beeinflussen, wo Kinder einfach geschehen lassen.

Darin liegt der Zauber des Gebetes: im Geschehenlassen. Im Vertrauen, im Glauben, in der Freude, in der Dankbarkeit.

Kinder beten:

„Lieber Gott, mach, daß ...". Und dann schlafen sie ein.

Erwachsene beten:

„Lieber Gott, mach, daß ..., und mach es folgendermaßen: ...". Und dann schlafen sie noch lange nicht.

Die Grenze zwischen Zauberspruch und Gebet ist fließend, steht im Brockhaus.

Natürlich, denn wir erleben „Zauberei", wenn wir geschehen lassen. (So ihr nicht werdet wie die Kinder). Wir beten eigentlich auch erst dann „richtig", wenn wir bereit sind, geschehen zu lassen. Gott ist kein Versandhauskatalog, bei dem wir bestimmen können, was uns geschickt werden soll, was unser ‚Geschick' denn ausmacht.

Gleichwohl können wir auf eine Weise beten und bitten, daß uns geschickt wird, was wir brauchen. Es gibt ein Gebet, ein einziges, das die ‚Magie' des Wortes in allen Sprachen transportiert, das schon alles enthält, worum wir bitten könnten, so daß wir uns auf die Worte konzentrieren können und nicht erst erklären müssen, was wir brauchen (Denn euer Vater weiß, was ihr bedürft, bevor ihr ihn bittet, Mt 6,8).

Das machtvollste Gebet ist das VATERUNSER.
Es „funktioniert“ durch das Wort, und wir müssen nicht unbedingt wissen, wie es funktioniert. Aber wir sollten vielleicht wissen, *wie* wir es wirkungsvoll beten können.

Wenn wir das Vaterunser richtig verstehen, wenn wir es richtig beten, werden wir den Zauber dieses Gebetes spüren und vielleicht und hoffentlich spüren, daß wir es nur beten können als Kinder! Als Kinder „unseres Vaters“.

Wir müssen nicht sehen, *wie* etwas geschieht, wir brauchen nur darauf zu vertrauen, *daß* etwas geschieht; wie ein Kind dies tut.

Als ich den Ausspruch prägte „Der liebe Gott legt keinen rein“, war ich in einer Situation, in der ich nicht sah, wie es in meinem Leben vorangehen sollte, aber ich vertraute darauf, daß es voranging.

Ich erlebe Dinge, die Kinder Zauber nennen und Erwachsene: Wunder. Und ich kann mich darauf verlassen, daß das so bleibt, solange ich vertraue, ich einfach geschehen lasse.

Vater unser – Vater mein, mein ganz allein?

Mein Gott, wie beten wir eigentlich?! „Mein“ Gott? „Mein“ Vater? Bei Gott, ja, so beten wir. Und es ist uns womöglich nicht einmal bewußt.

Wir bitten für uns, für uns ganz allein. Mitten zwischen zwei Gebetssegmente des Vaterunser placieren wir unser ganz persönliches Anliegen: ‚Vater unser, *ich* habe da folgendes Problem ..., der du bist im Himmel‘. Nicht eine Sekunde denken wir daran, ob das, worum wir bitten, auch in Einklang zu bringen ist mit den Wünschen und Bedürfnissen unseres Nächsten.

Denke an deinen Nächsten wie an dich selbst!

Jesus Christus, von dem wir das Vaterunser erhalten haben, hat einmal gesagt: ‚Wer Ohren hat zu hören, der höre‘. Wir hören nie richtig hin. Und trotz aller Fehlübersetzungen und Fehlüberlieferungen, die es „n. Chr.“ gegeben haben mag: wir dürfen sicher sein, daß „Unser“ Vater gemeint war, gemeint ist.

Wie ist das in einer großen Familie? Ich gehe also zu meinem Vater und bitte ihn, mir mehr Taschengeld zu geben. Vater sagt nein. Ich frage, warum. Vater sagt, um meine Bitte erfüllen zu können, müsse er meinen Geschwistern das Taschengeld kürzen. Ich entgegne, das sei mir egal.

Können Sie sich vorstellen, so zu denken?

Natürlich, wenn wir das Vaterunser beten, ist das doch etwas ganz, ganz anderes! Gott wird schon einen Weg wissen; Vater macht das schon.

Macht er eben nicht.

Wenn wir de facto „Vater mein, mein ganz allein“ beten, sprechen wir als ein „Einzelkind“, das wir nicht sind, mit einem Vater, den wir gar nicht haben. Unsere Bitte bleibt logischerweise un-erhört!

Dabei: Es gibt kein machtvolleres Gebet auf der ganzen Welt als „unser“ Vaterunser. Kein Gebet der Welt enthält so viele magische Worte, soviel Heilenergie für all unser Unheil, das wir erfahren oder selbst angerichtet haben. Wir brauchen nichts weiter zu tun, als uns auf das zu konzentrieren, was wir beten, uns meditativ in die Worte zu versenken, einzutreten in die schützende, helfende „Unser-Schwingung“ im Vater-Unser.

8. Kapitel

Positives Denken – das „Murphyum“ der Esoteriker?

Es verändert sich nichts, wenn wir nichts verändern!

Gedanken sind ... wer weiß es? In jedem auch nur esoterisch angehauchten Buch können, nein, müssen wir lesen, daß Gedanken Kräfte sind. Vermutlich handelt es sich hierbei um eine Pflichtoffenbarung, und so können Sie es auch in diesem Buch wieder lesen.

Aber was ist überhaupt eine Kraft?

Die Physik definiert Kraft als:

„eine gerichtete physikalische Größe, die Ursache für Formveränderungen starrer oder für die Beschleunigung frei beweglicher Körper. Ein Körper, auf den keine Kräfte wirken, beharrt im Zustand der Ruhe (Newtonsches Trägheitsprinzip). Aus der Wechselwirkungsnatur folgt, daß Kräfte stets nur paarweise auftreten. Die Wirkungen zweier Körper aufeinander sind gleich, aber entgegengesetzt gerichtet (Prinzip der Gleichheit von Wirkung und Gegenwirkung).“*)

Wenn ein Gedanke also eine Kraft ist, so kann der Gedanke etwas verändern, bewegen, bewirken – so wohnt ihm eine *Schöpferkraft* inne. Und wir wissen, daß nichts existieren kann, das nicht zuvor gedacht worden wäre; wir wissen, daß es der Geist ist, der die Materie formt, sie bewegen und sie verändern kann. Andernfalls beharren wir oder beharrt die Situation, in der wir uns befinden, im Zustand der Ruhe.

Nun zur Wechselwirkung. Wenn Gedanken Kräfte sind und Kräfte stets nur paarweise auftreten, als Wirkung und Gegen-Wirkung, so ist es eminent wichtig, *wie* wir denken! Druck (eine ausgeübte Kraft) kann nur Gegen-Druck bewirken. Allerdings: Positives kann auch nur Positives bewirken.

So wirkt Denken.

---

*) dtv Brockhaus Lexikon, Bd. 10, Brockhaus, Mannheim, 1986

So wirkt Positives Denken.

In jedem Menschen wohnt diese Schöpferkraft. Wir müssen sie nur anwenden. Richtig, bewußt.

Ich denke – also bin ich gefährdet

In unserer Welt der Polarität, auf der Materie-Ebene also, sind es die Gegensätze, die einander anziehen. Nicht so auf der Ebene des Geistes: hier verbinden sich Ähnlichkeiten miteinander. Da nun unser Denken geistiger Natur ist, „ruft" jeder Gedanke immer seine Äquivalenz.

Abgesehen nun davon, daß der Mensch nicht permanent weiß, was er denkt (was bedenklich genug ist), er denkt auch nicht permanent Positives. Und der Gedanke als Bilde-Kraft bewirkt dann z.B., daß „meine schlimmsten Befürchtungen eingetroffen sind", „Ich ja gleich wußte, daß ich die Stelle nicht bekommen würde", „ich immer solche Typen anziehe, die!".

Denken ist also nicht ungefährlich. Es ist geistiges Handeln, ist „Tun" – und damit Karma.

Die französische Philosophin Simone Weill postulierte: „Das Böse wird nur durch das Leid überwunden".

Da aber nichts existieren kann, was nicht zuvor gedacht worden wäre, müssen wir ggf. unser Denken ändern bzw. es uns bewußter machen. Natürlich bewirken destruktive Gedanken „Böses", und natürlich bewirkt dies in unserem Leben „Leid". Was erwarten wir, wenn wir vom Positiven Denken Positives erwarten können?!

Murphy heißt Positives Denken – „Murphyum“ heißt Weg-Denken

Der 1981 verstorbene Theologe, Naturwissenschaftler, Autor und großartige Anwalt des Positiven Denkens, Dr. Joseph Murphy, lehrte die Menschen, die in der Bibel und in der Bergpredigt enthaltenen Lebenshilfen zu erkennen und anzuwenden.

Jene aber, die dachten, es handle sich um problem-eliminierende Zauber-Worte, praktizierten Positives Murmeln, nicht aber Positives Denken. So wurden ihre Probleme natürlich größer.

Jedes Problem ist ein Schmerz. Und Schmerz ist, wie Arthur Janov schon 1976 in seinem Buch „Revolution der Psyche“ schrieb, Bestandteil der Angst. Und Angst, wissen wir, ist Nahrung für die Zellen, erzeugt also größere Angst, größeren Schmerz – größere Probleme.

Schmerz ist aber auch ein Signal, eine Botschaft. Stellen wir uns vor, daß jeder Schmerz = jedes Problem so etwas ist wie „Post vom Kosmos“. Normalerweise nehmen wir unsere Post an, studieren sie, bearbeiten sie, wenn nötig – und sie ist erledigt. Wir können aber auch die Annahme verweigern, dann kommt sie in anderer Verpackung irgendwann wieder. So potenzieren wir unsere Probleme und gewöhnen uns Negatives Denken an – was sollen wir auch denken von einem Leben, das uns soviel Ärger macht?! Und so kommt – wie gerufen! – die nächste Negativ-Erfahrung; Gott, haben wir ein schlimmes Karma!

Man hat immer nur Angst vor Dingen, die man nicht kennt. Schmerz als Bestandteil der Angst läßt sich also nur durch Konfrontation überwinden. Nicht durch Wegschauen, sondern durch Hinsehen! Erst dann können wir das Signal aufnehmen, das der Schmerz = unser Problem aussendet. Erst dann können wir die Botschaft verstehen – und klar denken.

Und *dann* kann Murphy Wunder wirken.

Wer seine Probleme jedoch nicht anschauen und schon gar nicht selber lösen will, wird Positives Denken eher als bewußtseinshemmende Droge einsetzen – als „Murphyum".

Da die Wirkung von Morphium m.E. erstaunliche Parallelen zum *unreflektierten* Positiven Denken aufweist, ein kleiner Exkurs:

Der Hauptwirkstoff des Opiums, Morphium oder Morphin genannt, wird bei sehr starken Schmerzen verabreicht und bewirkt die Abstumpfung des Schmerz-Bewußtseins, während alle übrigen Sinneswahrnehmungen intakt bleiben. Der Schmerz wird also weiterhin wahrgenommen, aber nicht für wahr genommen, nicht mehr als Qual empfunden. Morphin wirkt beruhigend, häufig sogar euphorisierend. Bei längerer Applikation, meist einhergehend mit Erhöhung der Dosis, entsteht Gewöhnung oder auch Sucht.*)

„Weg-Denken" löst kein Problem

Abstumpfung des Schmerz-Bewußtseins ist hier also vergleichbar mit Abstumpfung des Problem-Bewußtseins. Das Problem kann sich ungehindert ausbreiten, ohne, daß wir uns ‚schmerzhaft' veranlaßt sähen, darauf zu reagieren. Wir können die Chance, das Problem zu erledigen, nicht mehr wahr-nehmen. Post vom Kosmos? Lesen wir nicht! Wohin damit? In den Abfalleimer Unterbewußtsein, bis er überquillt. Das macht er eines Tages tatsächlich:

Alles, was wir verdrängen, drängt irgendwann nach oben, will beachtet, will in das Bewußtsein integriert werden. Man sagt, es somatisiert sich, „äußert" sich, wird als Krankheit sichtbar. Krankheit als Weg? Als Rückweg!

Positives Denken ist nicht gedacht als Droge gegen den „Schmerz" der Eigenverantwortlichkeit. Positives Denken ist und will: Leben! Ich denke – also bin ich.

---

*) Wie funktioniert das? Medikamente/Gifte/Drogen, Redaktion Naturwissenschaft und Medizin des Bibliographischen Instituts Mannheim, Meyers Lexikonverlag, Mannheim, 1972

Positives Denken ersetzt nicht das Denken schlechthin

Positives Denken kann nicht funktionieren, wenn wir vorbei-denken an der Realität. Unser Verstand „versteht" uns dann nämlich nicht und wird den Gedanken blockieren. Mit einem Quentchen Sensibilität dürften wir das auch wahrnehmen, als Zweifel.

Niemand kann sich hoch verschulden, das Arbeiten einstellen und ernsthaft affirmieren wollen: ‚Der Herr ist mein Hirte, mir wird an nichts mangeln'. Das macht keine Bank mit.

Positives Denken erspart uns nicht das logische Denken.

Positives Denken ist nicht Ersatz für Positives Handeln!

Die Symbiose von logischem Denken und Positivem Handeln wird in jedem Fall positiv sein.

Sein Wille geschehe – Gott sei Dank!

Wir dürfen sicher sein, daß Positives Denken wirkt. Es wird in der erforderlichen Quantität und zur richtigen Zeit wirken. Nicht, daß diese beiden Faktoren etwa in den Bereich unseres Beurteilungsvermögens fallen würden. Auch mag es sein, daß es etwas gibt, das besser für uns ist als das, was wir denken (können) oder besser für jemanden, der von unseren Wünschen tangiert wird. Genau das, nichts anderes, wird geschehen. Vielleicht merken wir nicht einmal den Unterschied, gedankenlos, wie wir oft sind.

Wenn wir uns aber grundsätzlich mit Positivität verbinden wollen, wenn wir bewußt Seinen Willen geschehen lassen, werden wir auch und gerade dann positiv denken, wenn wir *kein* Problem haben, vielleicht, *weil* wir kein Problem haben. Denn die positivste Art des Denkens ist Dankbarkeit für das, was wir haben. Dankbarkeit versorgt uns immer mit dem, was wir brauchen.

9. Kapitel

„Mentale Homöopathie“ – Heilende Gedanken

Der heilsame Gedanke der Homöopathie

Der Begründer der Homöopathie, Samuel Hahnemann (1755-1843), erkannte: „Ähnliches heilt Ähnliches". Sein Therapie-Grundsatz: „Wähle, um sanft, schnell, gewiß und dauerhaft zu heilen, eine Arznei, welche ein ähnliches Leiden erregen kann als sie heilen soll.*)

Wie gehen wir im allgemeinen mit einem Problem um? Ist es nicht so, daß wir stets eine Lösung suchen, die genau konträr zum Inhalt unseres Problemes steht? Wir sparen, wenn wir zuviel Geld ausgegeben haben. Wir fasten, wenn wir zugenommen haben. Wenngleich wir auf diese Weise auch von einem Extrem ins andere fallen, es kann eine Lösung sein. Aber nur eine Interimslösung. Denn sie ist nicht sanft, nicht schnell, nicht gewiß, nicht dauerhaft.

Jedes Problem enthält aber nun in sich schon die Lösung. Was uns in eine bestimmte Situation hineingebracht hat, ist exakt das, was uns auch wieder aus der Situation herausbringen wird! „Gut" und „Böse" sind lediglich zwei Erscheinungsformen ein- und derselben Sache. Gift kann töten, Gegengift heilen. Ist Gift nun gut oder böse? Ähnliches heilt Ähnliches.

Ein Charakteristikum der homöopathischen Therapie ist der ‚Erstverschlimmerungseffekt': die Symptome verschlimmern sich, aber dem Patienten geht es subjektiv bereits besser. Die Erstverschlimmerung ist ein Zeichen dafür, daß die Arznei hilft. In diesem Stadium setzt sich der Patient also noch einmal – verstärkt – mit der Krankheit auseinander: er nimmt sie an! Und er spürt, daß er jetzt von ihr geheilt wird.

*) Schwarz, Heilung durch Homöopathie, Zweitausendeins, Frankfurt, 1986

So funktioniert „Mentale Homöopathie"

Jedes Problem, das wir endgültig lösen wollen, müssen wir zuvor annehmen. Wir können es nicht „weg-denken". Wir müssen es durch-denken, uns hindurch-denken, auch, wenn das anfangs schmerzlich ist. Es sind heilende Gedanken.

Die „Mental-Homöopathie", wie ich sie aus Gründen der ‚Ähnlichkeit' genannt habe, kann uns helfen, jedes Problem zu lösen: sanft, schnell, gewiß und dauerhaft. Wir müssen nur ein Mittel finden, das ein ähnliches Problem auslösen kann als es lösen soll ...

Nehmen wir als Beispiel ein Problem, an dem die meisten Menschen kranken: Geldschulden.

Sie lösen Ihr Geldproblem durch „Mentale Homöopathie"

SANFT

Bestandteil eines Schmerzes/Problemes ist Angst. Angst vergrößert ein Problem.
Bei Geldsorgen werden Sie Angst haben, Geld auszugeben. Damit aber entwickeln Sie ein Mangel-Denken und verbinden sich geistig mit Energien, die (weiteren) Mangel bewirken.

Erinnern Sie sich daran, wie Sie schwimmen gelernt haben? Sie wissen, daß Sie nicht „untergehen", wenn Sie ruhig und sich Ihrer Bewegungen bewußt bleiben, wenn Sie keine Angst haben, weiterschwimmen. Und genauso, wie Sie heute wissen, daß Sie schwimmen können (selbst, wenn Sie es noch nicht gelernt haben sollten, seien Sie versichert: Sie können!), werden Sie sich nicht nur finanziell ‚über Wasser halten', sondern sich freischwimmen.

Geben Sie bewußt Geld aus

Stellen Sie sich Geld als eine Energie vor, die ungehindert fließen muß, wenn es nicht zu einem Stau kommen soll (es gäbe wohl weniger Armut auf der Welt, wenn nicht einige Menschen ängstlich auf ihren Sparstrümpfen schlafen würden). Indem Sie nun – bewußt und ohne Angst! – Geld ausgeben, tritt diese Energie in den Energie-Kreislauf ein – und wird, dies ist ein Naturgesetz, zu Ihnen zurückkehren! Und es wird mehr sein, als Sie ausgegeben haben: Geld aus-geben bedeutet, daß dieses Geld verschiedene Funktionen erfüllt, also arbeitet. Es steht bestimmten Menschen eine bestimmte Zeit zur Verfügung, es dient den verschiedensten Zwecken und Investitionen – Ihr Geld!

In dem Augenblick, da Sie Geld innerhalb eines vernünftigen Rahmens ausgeben, sind Sie eine Bank. Und Sie werden Ihr Geld mit Zinsen zurückbekommen!

Deshalb werden reiche Menschen immer reicher. Deshalb verleihen Banken Geld.

Die Erstverschlimmerung

Wenn Sie für die restlichen 8 Tage des Monats nur noch fünfzig Mark haben und nun vielleicht zwanzig davon aus-geben, kommt es natürlich zu Komplikationen. Aber auch zu mehr Klarheit: Sie werden sich intensiver mit Ihrem Problem auseinandersetzen – es annehmen. Und sie werden mit dem restlichen Geld bewußter, vorsichtiger, dankbarer umgehen. Im Vertrauen auf ‚Heilung' der Situation fühlen Sie sich nun subjektiv schon besser. Und die Erstverschlimmerung ist gerade dabei, eine Erstverbesserung für Sie zu werden.

SCHNELL

Wenn der tiefste Punkt der Finsternis erreicht ist, wird es Tag. Jede Situation verkehrt sich auf ihrem Höhepunkt in ihr Gegenteil.

Die Erstverschlimmerung führt Ihr Problem sofort, spürbar, zu ihrem Höhepunkt – und beschleunigt so den Prozeß der Umkehrung, der ‚Heilung'. Ein Sprichwort sagt: Wenn die Not am größten, ist Gott am nächsten.

GEWISS

Ein Problem bleibt so lange ungelöst, wie es nicht verstanden worden ist. Durch die ‚Erstverschlimmerung' des weiteren Geld-Ausgebens aber müssen Sie sich stärker mit Ihrem Problem auseinandersetzen, müssen genauer hinschauen – es annehmen. Damit haben Sie die Bedingungen erfüllt, unter denen die Situation sich wandeln kann. Sie stehen nun mental in Verbindung mit der Lösung, die im Problem selber enthalten ist. Nach dem Gesetz der Resonanz werden Sie nun Menschen und Ereignisse anziehen, die Sie herausfinden lassen aus dem Geldmangel – zurück in „gesunde" finanzielle Verhältnisse.

DAUERHAFT

Honoré de Balzac sagte einmal: ‚Die Menschen geben Geld aus, das sie nicht haben, für Dinge, die sie nicht brauchen, um damit Leuten zu imponieren, die sie nicht mögen'.

Jedes Zuviel ist Aggression gegen ein Gefühl der Minderwertigkeit, des Mangels; jede Übertreibung kündet von Unsicherheit.

Ein Mensch gibt nur dann „zu-viel" Geld aus, wenn er (von was auch immer) „zu-wenig" hat, respektive dies glaubt – und es ist sehr aufschlußreich, für was er dieses Geld ausgibt. Es ist also immer das

Gefühl eines „Mangels", das den Mangel produziert.

Die ‚Erstverschlimmerung' läßt erkennen, wo der vermeintliche Mangel liegt, sie sagt dem ‚Patienten', was wesentlich ist. Dadurch wird jedes Zuviel, jede Übertreibung fortan überflüssig. Das Problem ist dauerhaft gelöst; der Mensch braucht es nicht mehr.

Nicht-Handeln heißt Nicht-Behandeln

Das Modell „Kopf in den Sand" sorgt zuverlässig für Zähneknirschen. Wenn Sie Kontoauszüge, Rechnungen und Mahnungen ungeöffnet/unbeachtet liegenlassen und sich im übrigen aufs Borgen verlegen, werden Sie rasch wieder an ihren ‚neuralgischen Punkt' kommen.

Ein Problem, das Sie verdrängen, können Sie nicht gleichzeitig annehmen. Nehmen Sie das Problem nicht an, können Sie es nicht wandeln, nicht lösen. Es verändert sich nichts, wenn Sie nichts verändern!

Nicht wissen, wo das Problem herkommt, heißt, nicht wissen, wo es hinführt

Die ‚homöopathische' Lösung dient der Bewußtmachung Ihres Problemes. Wenn Sie also lediglich Geld ausgeben und sich nicht die tatsächliche Ursache des Geldmangels anschauen, erzielen Sie auch nur einen ‚allopathischen' Effekt: die Schmerzen verschwinden, der Auslöser bleibt. –

Ist es in diesem Zusammenhang nicht merk-würdig, daß wir kranken Menschen immer „Gute Besserung" wünschen (vom dialektischen Nonsens dieses Wunsches einmal abgesehen), nie aber „Gesundheit" oder „Heilung"?

Vom Arznei-Angucken ist noch niemand gesund geworden

Natürlich brennt eine Kerze. Aber anzünden muß man sie schon. Wer von der „Mentalen Homöopathie“ erwartet, daß sie allein aufgrund ihres Vorhandenseins wirkt, wer sie also nicht anwendet, der mag sich ruhig beim nächsten grippalen Infekt einmal vor das Schaufenster einer Apotheke stellen und auf Gesundung warten.

10. Kapitel

Die symbolischen Gesetze des Karma

Ursache und Wirkung: Ur-Ursache ist die Schlange

Der christlichen Mythologie zufolge ist sie der Teufel. Den Gnostikern war die das eigene Ende fassen könnende Schlange Sinnbild des Universums mit seinen kontinuierlichen Zyklen.*) Die Freimaurer übernahmen die Schlange als Symbol des ewigen Wechsels von Werden und Vergehen, denn: die Kreisform steht synonym für den Kreislauf der Materie und der Energie**). Ewigkeit manifestiert sich hier – und die Erkenntnis, das Wissen um Gut *und* Böse!

Gerade das Wissen-Wollen aber war das Verhängnis von Adam und Eva. Als beide verbotenerweise vom Baume der Erkenntnis gegessen hatten, wurden sie aus dem Para-dies verwiesen. (Auch: Para-dies = gleich Tag = als der „Tag" noch nicht unterschieden war in Tag und Nacht = in „Gut und böse").

Seither leben Menschen (Adam = hebr. Mensch/Erde; Eva = hebr. Leben) nicht mehr im Para-Diesseits, sondern im Diesseits. In einer Welt voller Adams, voller Evas und voller Schlangen.

Die Ursache war Wissen-Wollen.

Die Wirkung ist der Weg zur Erkenntnis ...

Und dazu ist der Mensch nicht „verflucht" worden. Das hat er selbst so für sich entschieden. Eva ging hervor aus dem Adam. Übersetzt: Das Leben (= Eva) kam aus dem Adam (= Mensch/Erde). Die Entscheidung von Adam und Eva gegen das Gottes-Verbot war eine Entscheidung für das Leben als Mensch.

---

*) Bauer/Dümotz/Golowin, Lexikon der Symbole, Fourier, Wiesbaden, 1982

**) Lennhoff/Posner, Internationales Freimaurerlexikon, Amalthea, Wien/München, o.J.

Wie katholisch ist die Schlange der Genesis?

Daß Gott die Schlange „verflucht“ haben soll, wie die katholische Glaubenslehre die Folgen des ‚Sündenfalls‘ überliefert, ist mit einem Gott der Weisheit und Liebe – als den dieselbe Kirche ihn apostrophiert – nicht recht in Einklang zu bringen, umso weniger, als das Fluchen unter Katholiken als ‚Sünde‘ gilt, da es doch Gotteslästerung sei. (Wie menschlich und sympathisch, daß Jesus im Tempel fluchte, nicht ver-fluchte wohlverstanden! Die katholische Glaubenslehre hat dies übrigens nicht als Gotteslästerung verflucht).

Auch, daß Gott die Schlange (sein Geschöpf, das er liebt), dazu verdammt haben soll, fortan (?) auf dem Bauch zu kriechen (= auf der Erde ...), ist angesichts der Tatsache, daß eine Schlange weder Arme noch Beine hat, etwa so weise und wirkungsvoll, als „bestrafe“ man einen Blinden mit der Verfügung, daß er ab sofort nicht mehr sehen könne.

Nehmen wir die Schlange also wieder als Symbol und interpretieren nonkonfessionell:

Daß Gott mit ihr zugleich ein Sinnbild geschaffen hat für den ewigen Wechsel von Werden und Vergehen. Den wir er-leben, solange wir Mensch auf Erden sind und in dem (unvollkommenen) Wissen um Gut und böse nach der (vollkommenen) Erkenntnis suchen, das eine vom anderen unterscheiden zu können.

Das Wesen der ‚Versuchung‘

Gesetz ist Gesetz. Wir können mit Gott nicht ver-handeln. Wir können und sollen lediglich: handeln. Oder eben auch nicht handeln.

Auch hierfür mag die Schlange ein Symbol sein:

Eine Schlange ist taub. Bei der berühmten Schlangenbeschwörung reagiert die Schlange also nicht etwa auf die Flötentöne (heute assoziativ für dubiose Versprechungen und Entschuldigungen im Sprach-Gebrauch), sondern auf die Bewegungen des Spielenden: auf sein Tun also. Karma heißt „Tun“. Wir können uns nicht herausreden, wenn wir etwas tun oder getan haben oder auch unterlassen haben.

Und da sind wir nun wieder. Mit unserem „Karma“. Mit der Schlange, die uns (stellvertretend) erneut die Chance gibt, ein Verbot zu achten, zu beachten:

„Feindschaft setzen will ich zwischen dir und dem Weib“, sprach Gott zur Schlange. Feindschaft also zwischen dem Leben (‚Eva‘) und dem Wissen um Gut und Böse (Schlange). Also eine lebens-lange Versuchung. Außer, wir lieben unsere Feinde.

„Sie wird dir den Kopf zertreten, und du wirst ihrer Ferse nachstellen“. Wir können Gut und Böse nicht ausrotten, können der Versuchung, der Prüfung nicht ‚entfliehen‘. Irgendwann steht es wieder vor uns: Ursache und Wirkung. Die Rück-Bindung, Religio. Die Chance unseres Lebens!

Gut und Böse. Das beim Biß einer Schlange austretende Gift kann heilen und töten.

Wir sind immer in Gefahr, dem Reiz des Verbotenen zu erliegen. Wir haben immer die Chance, die Schlange zu verwandeln ... wie Gott es den Moses lehrte ...

Die Einheit von Schlange und Stab

Der Herr aber sprach zu ihm: Was hast du da in der Hand? Er sprach: Einen Stab. Der Herr sprach: Wirf ihn auf die Erde! Und er warf ihn auf die Erde. Da ward er zur Schlange, und Mose floh vor ihm (2 Mo, 4,2-4,3).

Und dann erfolgte das Paradigma:

Der Herr forderte Moses auf, die Schlange ‚beim Schwanz zu erhaschen‘, – und siehe da: die Schlange ward wieder zum Stab!

Dies lehrt uns:

Wenn wir Angst vor etwas haben, vor einer Versuchung, einer Prüfung, so sollten wir nicht fliehen, sondern darauf zugehen (das Problem beim Schwanz packen, wie der Volksmund noch heute sagt), den Gegenstand unserer Angst ‚erhaschen', und zwar an seinem Ende – auf daß ‚unsere' Schlange auf dieses Ende zuschnellt und, wie es heißt, ‚sich selber in den Schwanz beißt', uns also nicht mehr gefährlich werden kann. Durch Furchtlosigkeit, durch Vertrauen, können wir jede Situation ‚in den Griff kriegen': wenn wir das Ende verbinden mit dem Anfang, wenn wir erkennen, wo die Ursache liegt, können wir die Wirkung aufheben.

Wenn wir einen Stab biegen, so erhalten wir eine ‚Schlange'. Und strecken wir diese Schlange, so halten wir wiederum einen Stab in der Hand.

Es liegt in unserer Hand, was wir daraus machen.

Der Schlangenstab des Asklepios

Das Attribut des Äskulap (Asklepios; griechischer Gott der Heilkunde) war der Äskulapstab: ein von einer Natter (s.u.) umringelter Stab; er sollte später zum Sinnbild für den Heilberuf werden und ist noch heute das Arzt-Symbol.

Schlange und Stab.
Das Symbol der Polarität.
Gerade und Un-Gerade.
Gesundheit und Krankheit.
Leben und Tod; Werden und Vergehen.

Der Schlangenstab des Moses

Da sprach der Herr zu Mose: Mache dir eine eherne Schlange und richte sie an einer Stange hoch auf. Wer Gebissen ist und sieht sie an, der soll leben (4, Mo 21,8). Und so geschah es: als Moses das jüdische Volk befreite und nach Palästina führte, wurden viele Heilungen auf diese Weise bewirkt; der Schlangenstab ist von den Juden später ja denn auch als Kultgegenstand verehrt worden.

Überlieferungen zufolge benutzte Moses, der ein Magier war, bei Magischen Operationen einen erzenen (ehernen) Schlangenstab, so auch, als er das Wasser aus dem Felsen schlug.

Immer wieder begegnen wir Moses in Verbindung mit Schlange und Stab:

Die einen sagen, Moses sei ein Sohn der Thermutis, der Schwester von Ramses II., deren Name nach einer der Göttin Isis heiligen Natter (s.o.) ausgewählt wurde. Moses sei Priester des Osiris, des Bruders und Gemahls der Isis, gewesen – wofür sprechen mag, daß zur kultischen Ausrüstung eines Oberpriesters des Osiris der Schlangenstab gehörte.

Andere wiederum glauben, Moses sei ein Sohn vom Stamme der Leviten, einer israelitischen Priesterkaste, die einem Schlangenkult verbunden war.

Für beide Theorien spricht einiges. Auffällig ist jedenfalls, daß alles, was das Leben und Wirken des Moses betrifft, Symbolcharakter hat.

Die Schlange verkörpert die Gesetze

Es war Moses, dem Gott die Gesetzestafeln mit den 10 Geboten übergab. Und bezeichnenderweise geschah dies auf dem Berg Sinai, wo Osiris, der Sohn von Seb (Saturn) und Neith = der „uranfänglichen Materie und dem unendlichen Raum"*) geboren wurde.

Können wir hierin nicht auch eine Allegorie erkennen, daß zum Er-Leben von Zeit und Raum Gesetze geschaffen werden mußten, die sich direkt an unsere Seele wenden; dorthin also, wo wir ein

*) Miers, Lexikon des Geheimwissens, Goldmann, München, 1980

Ge-Wissen vermuten, ein vielleicht ja auch ge-netisches Wissen: dorthin, wo wir homolog unserer Seelen-Erkenntnis die Entscheidung treffen für das Böse oder für das Gute?

Nicht von ungefähr ergibt sich, wenn wir das Für und Wider einer Sache erwägen, ein inneres Frage-Zeichen – gleich einer Schlange:

?

Und wenn wir Ja oder Nein zu etwas sagen, so ist dies ein inneres Ausrufe-Zeichen – gleich einem Stab:

!

So symbolisiert der Schlangenstab auch die Vereinigung von Frage und Antwort in unserem Inneren:

Damit verstehen wir auch, weshalb jedes Problem in sich auch schon die Lösung enthält. Wir haben nur zu fragen nach dem Wie; uns selbst zu fragen.

Und wir können uns ‚ausmalen', wohin unsere Entscheidung führt: der Punkt unter dem Fragezeichen und Ausrufezeichen sagt es uns. Denn der Punkt ist Beginn von allem. Aus ihm entsteht eine Linie, wie ein Stab oder auch ein Kreis, wie die ihr eigenes Ende fassende Schlange ...

Alle Gesetze, die der Mensch gemacht hat, werden heute eingeleitet mit einem Paragraphen-Zeichen. Das Wort kommt aus dem

Griechischen und bedeutet „Danebengeschriebenes“. Vorläufer dieses Symboles war nun die bei den Griechen verwendete Kennzeichnung wichtiger Textstellen von Einzelvorschriften. Und so sah sie aus:

Γ

Hier verbinden sich zwei gerade Linien miteinander – 2 Stäbe!!

| |

Nun das Zeichen für Paragraph:

§

Die ineinander verschlungenen Windungen entsprechen der Schlange des Asklepios und des Moses.

So will es offenbar ein übergeordnetes Gesetz.

Wir könnten wohl immer noch mit lediglich 10 Geboten auskommen, wenn wir sie nicht permanent übertreten hätten – durch unser gefährlich neugieriges Warum.

„Es ist“, schreibt Eugen Drewermann, „eine psychologische Grunderkenntnis, daß ein Gebot verschärft werden muß, wenn die Neigung sich vergrößert, es zu übertreten“.*)

Wieviele Paragraphen haben wir heute!

Das Grund-Gesetz lautete: Vertraue mir!
Liebe ist Vertrauen. Liebe fragt nicht.

---

*) Drewermann, Strukturen des Bösen, Bd. I, Die jahwistische Urgeschichte in exegetischer Sicht, Schöningh, Paderborn, Sonderausg. 1988

Die NICHT-Befolgung der 10 Gebote

Du sollst nicht! Warum nicht?

Du sollst nicht fragen!

Der Reiz des Verbotenen entsteht erst durch die Hinterfragung des Verbotes. Und die „verfluchte" Schlange mit ihrer Doppelzüngigkeit wußte das genau!

Durch ihre Frage an Eva, warum es denn verboten sei, vom Baume der Erkenntnis zu essen, wurde dieser Baum, wurde das Erkennen-Wollen des Verbotes erst interessant; ja, durch die Frage ergab sich eine völlig neue Perspektive, nämlich die Möglichkeit, auch gegen das Verbot handeln zu können!

Das Verbot richtete sich gegen das Erkennenkönnen, warum ein Verbot ein Verbot ist. Und wendete sich zugleich an das Vertrauenkönnen, daß es einen Sinn habe. Darin lag die Prüfung. Darin lag aber auch Fürsorge:

Wenn wir einem Kind sagen, es solle seine Hand nicht auf die heiße Herdplatte legen, wird es fragen, warum. Wenn wir erklären, daß es sich die Hand verbrennen wird, legt es sie prompt auf die Herdplatte, um unsere Behauptung zu überprüfen, denn: die Erfahrung, die es braucht, um unsere Erklärung begreifen zu können, fehlt (‚Was ist das: verbrennen?').

Dies auch ist der Grund, weshalb ein Verbot, das mit einer bestimmten Gefahr begründet wird, zum Übertreten des Verbotes, zum „Ausprobieren" reizt. Wir legen damit den Keim zur Angst und damit zur Unsicherheit und damit zu Fehlverhalten, denn die Kombination von Ausprobierenwollen und Angst reduziert drastisch jede Erfolgsaussicht.

Gedanken sind Nahrung für die Zelle, ja, durch unser Denken bilden sich Zellen im Körper, was erklärt, warum die Zellen auf Bilder reagieren, denn Denken ist ein visueller Vorgang. So ist z.B. das Gedanken-Bild ‚Hoffentlich bekomme ich *nicht* Krebs!' für die Zellen, die sich unter „nicht" rein gar nichts vorstellen können!, ein Befehl, die Produktion der Krebszellen zu erhöhen.

(Jeder Mensch hat Krebszellen in sich, ist normalerweise aber immun dagegen). Mit dem Gedanken-Bild aber wird der Keim zur Angst gelegt, die Abwehrkräfte reduzieren sich, die Krankheit kann sich manifestieren.

Die 10 Gebote sind Freunde, die uns helfen, führen, warnen oder beraten. Die uns sagen, was wir tun und was wir lassen sollen, aber nicht, warum.

Darin liegt die Fürsorge:

Solange wir nicht wissen wollen, warum, werden wir ein Gebot oder Verbot befolgen und sind außer Gefahr. Hinterfragen wir es, entstehen Gedanken-Bilder, die Nahrung sind für unsere Zellen ... und so wird aus „Du sollst *nicht*!“ = „Du sollst!“; denn unter „nicht“ können sich die Zellen ja nichts vorstellen.

Wir können unseren Freunden, den 10 Geboten, vertrauen – ohne Frage. Wir sollten das tun, denn ansonsten befolgen wir das NICHT.

2 Schlangen – das Gesetz allen Lebens

Der ‚Paragraph‘ für Leben, die Gesetzmäßigkeit allen Lebens, zeigt sich in der DNS, dem Träger der genetischen Information. Dargestellt durch eine Doppel-Spirale (von grch. speira ‚Windung‘), der Doppel-Helix:

Vereinfachte Darstellung
der Doppel-Helix

Genauso wenig, wie wir in der Lage sind, den genetischen Code des Menschen in allen Einzelheiten zu entschlüsseln – er würde etwa 1 Million Seiten füllen*), genauso wenig ist es möglich, die ‚Paragraphen Gottes' bis in alle Einzelheiten zu verstehen – Gott sei Dank:

Es mag uns genügen zu wissen, daß die Zahl der Tripletts, die in der DNS die Aminosäuren steuern und damit die Einhaltung der energetischen Gesetze allen gegenwärtigen Lebens gewährleisten, 64 ist.**) Die Quersumme von 64 ist die Zahl 10.

(Es hat sich überdies so ergeben, daß dieses Buch auch 10 Kapitel hat, und ich bin bekanntermaßen nicht unsensibel für den „Zufall", den Ambrose Bierce definierte als „Ein unvermeidliches Vorkommnis, das auf unabänderlichen Naturgesetzen beruht"***).

Halte meine Gebote, so wirst du leben (Spr 4,4).

Nirgendwo steht geschrieben: Verstehe meine Gebote!

Halte sie! Das ist das ganze Gesetz.

Das ist die Voraussetzung dafür, daß wir leben können in göttlicher Ordnung. Also in Recht, Gerechtigkeit, Gesundheit, Freude und Liebe.

Die 10 Gebote sind unser Schlüssel zum ‚rechten' Leben.

Gott weiß, warum. Und das genügt.

Die Schlange. Das Gesetz. Das Leben. Karma. Die Chance des Lebens. Wenn wir bei allem, was wir denken, wünschen, tun, an *alles* Leben denken, also auch an unseren Nächsten, verwandeln wir jede Schlange in einen Stab, jede Prüfung in eine Chance. Tun wir genau das!

---

*) Herbig, Die Gen-Ingenieure, Hanser, 1978

**) Hoefler, I Ging Ratgeber, Windpferd, Haldenwang, 1987

***) Bierce, Aus dem Wörterbuch des Teufels, Insel, Frankfurt, 1966

Nachwort

Leit-Gedanken

Fast alle Kapitel dieses Buches sind mit einem Leitsatz überschrieben, den ich schon vielen Menschen mit auf den Weg gegeben habe und immer wieder erfahren durfte, wie sie ihn mit außerordentlichem Erfolg in ihr Leben integriert haben. Ich wünsche auch Ihnen, daß Sie Leid-Gedanken durch einen dieser Leitgedanken umwandeln können in eine Chance; ich freue mich, wenn Sie mir Ihre Erfahrungen schreiben.

Angelika Hoefler
Köln im Juni 1990

- Des Menschen Wille ist sein Erdenreich
- Menschen eine Chance geben
- Gib dem Tag eine Chance
- Sei neugierig auf den Tag
- Dem Tag einen Titel geben
- Den Tag korrigieren
- Wer hören will, muß fühlen
- Jedes Kreuz ist ein Plus
- Jedes Minus durchkreuzen

- Wer geben kann, muß auch nehmen können
- Mein Leben ist Danke, schön
- Hilf dir selbst, dann hilft dir Gott tatsächlich
- Es geht mir nur solange schlecht, wie ich gut finde, daß es mir schlecht geht
- Erkennen Sie Ihr persönliches Plus
- Jeder Mensch ist unser Lehrer
- Was wir am anderen kritisieren, haben wir selbst noch zu kurieren
- Was mir am anderen zuviel ist, fehlt mir selbst
- Was ich nicht loslasse, das läßt auch mich nicht los
- Der liebe Gott legt keinen rein
- Es verändert sich nichts, wenn wir nichts verändern
- Weg-Denken löst kein Problem
- Nicht wissen, wo das Problem herkommt, heißt, nicht wissen, wo es hinführt

Die Autorin

Angelika Hoefler ist Mitbegründerin des weltweit ersten und einzigen Systems der Reinkarnationsforschung mit dem Pendel. Mit großem Erfolg wagte sie außerdem eine Symbiose zwischen I Ging und Zahlenkabbalistik, was eine völlig neue Anwendung des I Ging ermöglicht.

Doch ihre zentrale Aufgabe sieht die Autorin in der Karmaforschung und damit auch in der von ihr weiterentwickelten Zahlenkabbalistik, mit der sie die Karma-Kabbalistik begründete.

Angelika Hoefler, deren Bücher* in zwölf Ländern gelesen werden, erhält zahlreiche Einladungen zu Vorträgen, Seminaren und anderen esoterischen Veranstaltungen im In- und Ausland, denen sie folgt, soweit sie neben ihrer schriftstellerischen und beratenden Tätigkeit Zeit dazu findet.

---

*) Hoefler/Atti, Reinkarnationsforschung mit dem Pendel; Windpferd, Reihe Schangrila, 2. Aufl. 1989
Hoefler, I Ging Ratgeber; Windpferd, Reihe Schangrila, 1987
Hoefler, Namen – das ausgesprochene Geheimnis, Windpferd, Reihe Schangrila, 2. Aufl. 1989

WINDPFERD-MUSIK

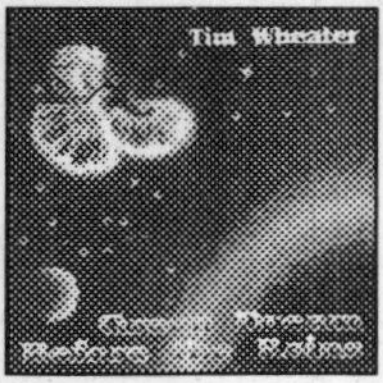

zum
entspannen,
zuhören
inspirieren,
meditieren,
verlieben,
tagträumen
und
einfach
wohlfühlen

Tim Wheater
Green Dream - Before the Rains
CD DM 38,- ISBN 3-89385-715-X
MC DM 28,- ISBN 3-89385-716-8

Sehr gefühlvolle Kompositionen, melodiös, sehnsuchtsvoll, getragen von Tim Wheaters meisterhaftem Flötenspiel.

Tim Wheater
A Calmer Panorama
CD DM 38,- ISBN 3-89385-713-3
MC DM 28,- ISBN 3-89385-714-1

Hervorragende Flötenkompositionen mit Naturklängen, traumhafte Melodien zum tagträumen und entspannen.

Marianne Uhl / B. und A. Bauer
Musik für das Wurzel-Chakra
CD DM 29,80, ISBN 3-89385-712-5

Spezielle Musikkomposition zur Stimulierung des Wurzel-Chakras (ca. 30 Min)

Marianne Uhl / B. und A. Bauer
Musik für das Nabel-Chakra
CD DM 29,80, ISBN 3-89385-711-7

Spezielle Musikkomposition zur Stimulierung des Nabel-Chakras (ca. 30 Min.)

Marianne Uhl / B. und A. Bauer
Musik für das Herz-Chakra
CD DM 29,80, ISBN 3-89385-710-9

Spezielle Musikkomposition zur Stimulierung des Herz-Chakras (ca. 30 Min.)

Tänzer's Traum
Tanzende Blätter
CD DM 38,- ISBN 3-89385-702-8
MC DM 28,- ISBN 3-89385-703-6

Akustische Musik mit Gitarre, Geige, Flöten, Bass., Klangschalen, Glockenspiel etc. Teils lebhafte, lebendige, teils ruhige Melodien. (Spieldauer ca. 45 Min)

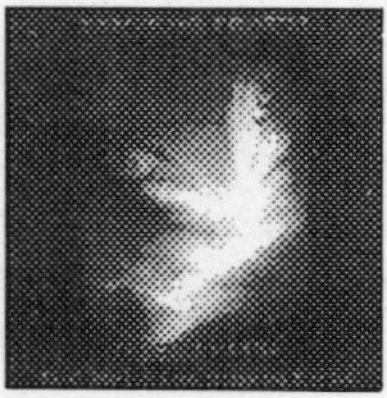

Tänzer's Traum
Nachtflug
CD DM 38,- ISBN 3-89385-704-4
MC DM 28,- ISBN 3-89385-705-2

Ruhige, meditative akustische Musik, teils mit orientalischen Instrumenten wie Klangschalen, Tempelglocken, Röhrenglocken u.a. (Spieldauer ca. 46 Min)

Tänzer's Traum
Sternblüten
CD DM 38,- ISBN 3-89385-706-0
MC DM 28,- ISBN 3-89385-707-9

Melodiöse akustische, meditative Musik mit Geige, Gitarre, Flöten, Klangschalen, Saxophon, Bass, Darbouka, Shakuhachi und Glocken. (Spield. ca. 56 Min)

WINDPFERD MUSIK IST IM BUCHHANDEL ERHÄLTLICH

Reinhard Florek

Heilende Edelsteine

Edle Steine und ihre Wirkung auf Körper, Seele und Geist

Den Zugang zu den geheimnisvollen Kräften der Edelsteine kann jeder finden - dieses ganz auf die Praxis orientierte Buch zeigt wie:
Durch Edelsteinmeditationen, keltische Meditationen, mit Hilfe von Runen, Tattwas, Heilelixieren und Edelsteinakupunktur. Reinhard Florek zeigt, wie Sie Ihren Beschützerstein und persönlichen Kraftplatz finden, Pendeltafeln handhaben sowie Farb- und Heilwirkungen der Edelsteine erkennen können - mit konkreten, einfach nachvollziehbaren Anleitungen.

144 Seiten, DM 16,80
ISBN 3-89385-035-X

Angelika Hoefler

I Ging Ratgeber

Leit-Linien für alle Handlungen und Wandlungen des Lebens

I Ging als Weg-Weiser, der alle Lebenspfade des Ratsuchenden begleitet und ihn belehrt, warnt oder ermuntert - in verständlicher, europäisierter Sprache, und dabei die einzelnen Lebensbereiche fein unterscheidend. Im zweiten Teil des Buches stellt die Autorin ein weiteres Novum vor: die von ihr entwickelte Symbiose von I Ging und Zahlenkabbalistik, die den Leser leicht und schnell darin perfektioniert, Personen und Situationen richtig zu beurteilen und auch die hinter einem Geschehen wirkenden Einflüsse zu erkennen.

192 Seiten, DM 19,80
ISBN 3-89385-013-9